世界主題之旅 29

環遊世界一周

友和&繪里的607天蜜月旅行

吉田友和・繪里 合著

太雅生活館

二〇〇二年六月二十二日
在教堂舉行結婚儀式。

二〇〇二年七月五日
啓程環遊世界。

Tomo & Eri

We got married

環遊世界一周
友和&繪里的607天蜜月旅行　目錄

亞洲篇

非洲篇

歐洲篇

Column

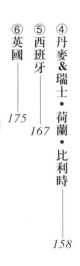

美國篇

中南美洲篇

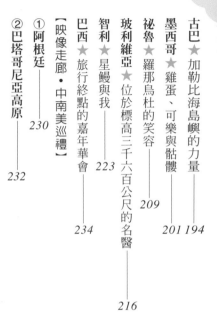

寫在前面

「蜜月旅行就去環遊世界吧！」「就這麼決定！」那是在東京深夜某家咖啡館裡發生的事情。大學時代原是朋友的我們，隨著大學畢業後友情漸行漸遠。但由於朋友一句：「好久不見，大家出來聚聚喝酒吧！」在那次見面的機緣下，待我們回過神時，竟發現自從那天再相會之後我們就開始交往了。就在交往兩個月時，我們決定結婚了，也決定以環遊世界作爲蜜月旅行，既然如此，當然也決定辭去工作。

「當初怎麼會做出那樣的決定呢？」無論是出發前、旅行途中、旅行結束後返回日本時，我們都不斷地問著自己。的確仔細想想，那眞是個有勇無謀的決定啊；而且，當時的友和甚至不曾出國旅行過。當我們告訴別人：「……婚後要辭去工作，然後準備去環遊世界。」每個人都臉色尷尬，甚至有人還告訴我們：「你們是不是應該再交往一陣子，趁著交往期間試著去國外旅行看看再說呢？」那的確是非常中肯的建議，若是交換立場，我們應該也會給予對方相同的建議吧。

說是完全沒有任何的不安，其實是騙人的，但我們彼此對於人生的重大決定，始終抱持著樂觀的態度。總以爲「船到橋頭自然直」、「只要去做就沒問題了」、「做了再說」，而且我們自己本身也對此信念深信不疑。僅交往兩個月就做出那樣的決定，雖說愛情是盲目的，但當時的我們也的確是盲目的。戀愛的力量果然很恐怖。

被愛情沖昏頭的我們，隨後發展迅速、兩人的決定堅決，但彼此都沒有太多的存款。所以首先爲了儲蓄旅行資金，未來的丈夫友和搬到了即將成爲妻子的繪里的娘家住，從結婚前就過著入贅般的生活。過去擁有多少金錢就花掉多少的我們，從此開始有了一百八十度的大轉變，不僅過著簡樸的生活，還努力存錢。當時還應付結婚儀式的準備，所以在出發旅行前，只記得就是每天忙個不停。

根據到處查詢的結果，原來環遊世界最少需要一年左右的時間才能看遍世界各地，所需資金一個人兩百萬日圓，兩個人就是四百萬日圓，而條件是背負著行李四處尋找廉價旅館的自助旅行，如此大約可支撐個一年左右的時間。結婚典禮定在六月，而後就立刻啓程出發……終於有了具體的目標了。確定目標之後的我們，每晚都會討論有關旅行的事情，不過朝著那樣的目標，就算豬也會鐵青著臉前進吧。最後，在交往後的第七個月我們結婚了，兩個禮拜後又踏上了環遊世界之旅。

「……那麼，接下來該怎麼辦呢？」當抵達旅行起點曼谷時，我們突然頓悟到事情的嚴重性，原來我們就這樣結婚，然後又出發環遊世界蜜月旅行了！我們只是埋頭朝著目標前進，卻完全沒有考慮到現實的問題，待環顧四周時，卻已經身在國外。手邊僅有護照、背包式的行李、還有歷經辛苦存錢生活後存得的四百萬資金而已。嗯，該怎麼辦啊……我們的內心終於開始浮現出「不安」的情緒了。

「不過，船到橋頭自然直。」回想那七個月，我們不斷地告訴自己那句話，而如今則揹著沉重的行囊來回穿梭在曼谷的街頭。這本書，就是我們之後歷經一年又八個月的旅行紀錄。

亞洲

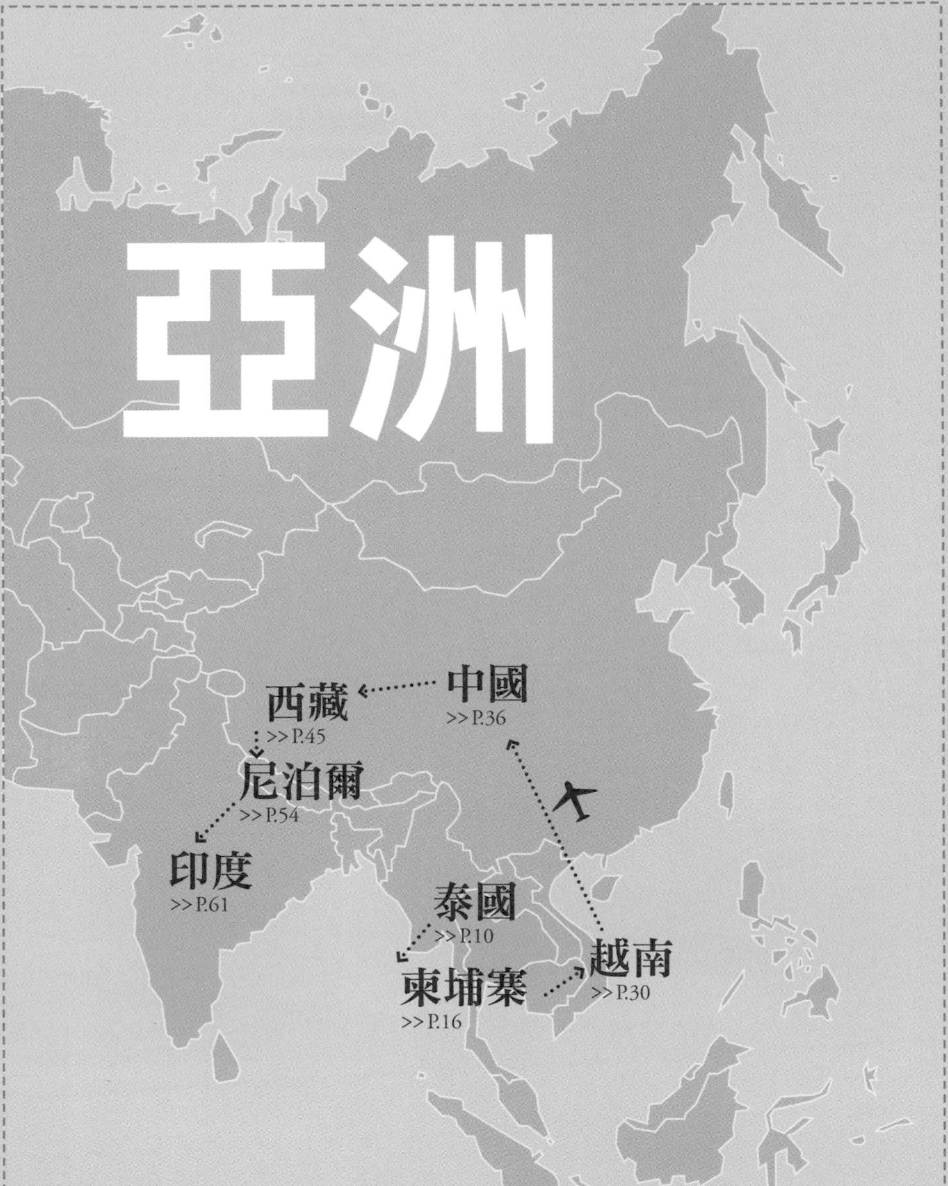
中國
>> P.36
西藏
>> P.45
尼泊爾
>> P.54
印度
>> P.61
泰國
>> P.10
東埔寨
>> P.16
越南
>> P.30

泰國

Kingdom of Thailand

2002年7月5日 ▶

日本・成田(NARITA)→曼谷(Bangkok)

在曼谷的涅槃寺(Neak Pean)說聲「sawadeika」(你好)。色彩鮮豔的寺廟頗有異國風情！

旅行果然不是好玩的

by 繪里

「喂、喂，這個，是不是一定要塡寫啊？」好不容易在忙亂中整理好了行李，簡直就要趕不及了，就那樣蓬頭亂髮地搭上飛機，以爲終於可以歇息一會兒，沒想到又被隔壁的友和給搖醒。「你看，上面寫的都是泰文與英文耶～」我的新婚丈夫正嗤嗤地笑道。「那是入境證啦，只要寫上停留地點與護照號碼就可以了啦！」我不耐煩地回答著。對方似乎察覺有些不對勁，所以隨即閉嘴了。但是，又過了不久：「護照號碼是哪一個呢？」、「我們不是還沒決定停留的旅館嗎？」友和像個小學生露出認眞的眼神不斷地詢問著。

結果，我還是睜開惺忪的睡眼勉爲其難地開始塡寫自己的入境卡，然後像個學校老師般耐心且親切地，要求對方也照著範本寫。友和回以「我知道了！」隨即認眞開始塡寫；過了不久「我寫完了！」然後露出興高采烈的表情。但是，仔細看看他寫的入境卡的性別欄，竟是寫著「Female」(女性)。我的確是說照著寫，但也不是這種寫法啊……看著皺眉頭的我，友和終於嘔氣地說道：「我本來就不知道怎麼寫啊，這種東西！」啊～

啊……。

自學生時代開始我即熱愛旅行，只要放假時就會到亞洲各地自助旅行。這樣的我，竟嫁給了從未出國旅行的丈夫，實在是不可思議啊，但既然喜歡上了對方，那些事情反而顯得微不足道了。我一直堅信，若是因爲「這個人也喜歡旅行」、「這個人也有相同的興趣」，或是因爲「這個人很有錢」、「這個人長得很帥」等條件而結婚，必定無法天長地久。若不是同樣旅行的愛好者、也不是既有錢又英俊的對象時，愛情就難以屈就了嗎？人的相交相繫不是應該在於本質上嗎？我一直是那樣認爲的。但是，看到連入境卡都不會塡寫的友和時，不禁開始懷疑自己的信念。與一個從未出國旅行過的人，我眞的可以與他攜手度過未來漫漫的旅程嗎？我的心中開始沸騰著這樣奇妙的疑問。

旅行的起點，也就是抵達泰國的曼谷後，慘事就不斷發生。那是發生在曼谷有名的寺廟「Wat Po」附近公園裡的事。我開心地嚷著：「終於又出發了啊！」正昂首闊步往前走去時，一些手持紀念品的小販逐漸逼近過來。在曼谷這樣的觀光景點實在不需要購買任何紀念品，而且我們的旅行才剛要開始呢。於是我露出困惑的表情趕走了纏人的小販。就在那個時候，突然聽見背後傳來友和興奮的聲音：「繪里！」

待我轉頭過去後，眞是驚訝得說不出話啊。皮膚白皙的友和身邊圍繞著淨是黑鴉鴉的鳥兒，再仔細一看那竟是鴿子啊，爲什麼這些必須仔細看才能看出是鴿子的鴿子，羽毛都是髒兮兮的呢！被那些醜陋的鴿群圍繞的友和正興高采烈地丟著鳥飼料；而一群可疑的人正圍繞著眼前的此情此景，並露出了可疑的笑容。我突然有種不祥的預感。

「拍照！拍照！」那群人中的一個婦人以奇怪的英語要我對著鴿子拍照，誰會想拍這群黑色的鴿子呢？我斷然地拒絕那個強迫我收下鳥飼料的婦人，然後詢問友和：「你是不是買了那些飼料？」「沒有啊，是那個少

年送給我的！」「你有問他多少錢嗎？」「……」我對友和說還是趕快離開現場吧，隨即自己轉頭往前走去。但又是一陣不祥的預感。

那群人突然圍住了想要離去的友和，「五百銖！」「五百銖！」「五百銖！」他們手指著鴿子的飼料，嘴裡不斷地嚷著價錢。五百銖約等於一千五百日圓，開什麼玩笑，我們在曼谷住宿的旅館一晚才二百五十銖呢！就連鎌倉鶴岡八幡宮賣的鴿子飼料也只要一百日圓啊，為什麼在曼谷必須支付一千五百日圓的鴿子飼料呢！

「反正你就先丟給他們十銖，然後趕快逃出來吧！」我遠遠地說著。「可是我只有二十銖耶……」友和以哽咽的聲音說道。「那就給二十銖吧，反正就是丟給他們，然後快步走出來啦！」我說。友和從錢包裡取出了二十銖，遞給了那個可疑的婦人。婦人緊抓住錢幣，但嘴裡還是說著：「不對！」友和又以不安的表情望著我這裡說道：「怎麼辦啊……」氣死人了！我只好再走回原來的地方，以敵意的眼神望著那個不友善的婦人，然後拉著友和的手昂首往前走去。那群可疑且非法牟利的人們尾隨在我們身後，繼續喊著：「五百銖！」「五百銖！」不過或許是放棄了吧，倒也沒有追過來的模樣。眞是好險啊！

友和似乎因爲被捲入了莫名的事件中、驚嚇過度顯得有些呆滯。「在國

外啊，特別是像泰國這樣的亞洲國家，陌生人遞來的免費東西，絕對是非比尋常的。他們以爲日本人都很有錢，所以總會想盡辦法來敲竹槓。」我說。友和垂頭喪氣地點頭表示贊同。

以爲出發旅行，樂園就在前方等待著；也以爲出發旅行，天生少根筋的友和終於可以變成跨足世界的男人了。但若照目前的局勢看來，不禁令人擔心這趟旅行果眞可以平安地繼續下去嗎？我在曼谷的酷熱裡，獨自地思索著種種。旅行，果然不是好玩的。

柬埔寨

Kingdom of Cambodia

2002年7月13日▶
泰國曼谷(Bangkok)→暹粒市(Siem Reap)
7月19日▶
暹粒市(Siem Reap)→金邊(Phnonpenh)

12

3

4

6

5

1.夕陽西沉的叢林。感覺到旅行美好的瞬間。 **2.**首都金邊的廉價旅館。附有面湖的陽台，一晚僅需500日圓以下。 **3.**從泰國入境柬埔寨。 **4.**三輪車車夫，也許是太熱了，正在樹蔭下打瞌睡。 **5.**這裡曾是高棉文化開花結果的地方。 **6.**市場裡的水果種類豐富且便宜！

我所不知道的世界

by 友和

「好熱喔！」每天早晨起床時，就是這樣的感覺。雖然東京的夏天也相當炎熱，但是東南亞的炎熱卻與東京的不同，洋溢著熱帶雨林地區獨特的悶熱感。被熱醒時，才想到：「對了，這裡不是東京啊！」一個禮拜前，我還是個忙碌且平凡的東京上班族，而現在卻身在異鄉，況且還是東京的生活所無法想像的。躺在簡陋房間裡的破舊床上，住宿的房間裡不僅沒有冷氣，甚至只有冷水可以沖澡，整夜都是揮之不去的蚊蟲叮咬……。

從泰國來到柬埔寨的路程，也是相當艱辛。我們擠在破舊的小型卡車裡，然後坐在裝貨檯上，雖說是坐著，但也沒有所謂的座位，僅是裝貨檯的邊緣，不到五公分左右的鐵板罷了。裝貨檯狹窄的空間裡共計擠了十五位乘客，而且每個人腳邊都有背包行李，有些人甚至連坐位也沒有，只能忍耐地縮著身體。更慘的是，一路盡是些未鋪設的險惡道路，不僅塵土飛揚，還有大石頭或坑洞。我與繪里爲了防範吸入塵土，只好用手帕一層層纏住嘴巴和鼻子，然後再利用帽子的繩子緊緊綁住下巴。由於兩個人都戴著眼鏡，所以臉部只能看到眼鏡而已。「對了，我們現在可是在蜜月旅行

耶……」繪里如此說道。是啊，還是環遊世界的蜜月旅行！不過的確與蜜月旅行的甜美印象相去甚遠，正確來說更像是苦行僧吧。就在那樣艱苦的狀態下，我們搭乘著卡車持續奔馳了五個小時。「你的腳放在我的腳上了，很痛耶！」「你的行李可不可以往左邊移過去些？」「我根本沒有可以抓住的地方了啊！」諸如此類的，大家紛紛開始抱怨起來。每當抱怨聲響起時，就會引起眾人些許的騷動與移動，所以儘管車子仍持續奔馳著，但後面的裝貨檯卻時常保持著移動的狀態。

對於「自助旅行」或「克難旅行」之類的旅行形式，過去也僅是從電視節目或書本裡概略得知，從不知道原來付諸行動後卻是如此辛苦啊。首先，是對金錢的概念開始有了一百八十度的轉變，其實我們也可以花錢搭飛機，就無須如此的辛勞，原本我對金錢是毫無概念的，只要能輕輕鬆鬆，就算多花再多錢也無所謂。但是，自從旅行以來，每天的生活即使是十日圓，也要斤斤計較。繪里說過：「在這裡不像日本有所謂的定價，所以殺價是理所當然的，我們是有預算的旅行，所以不能浪費金錢。」坦白說，我覺得那是很累人的事。況且，這趟旅行既不是「發現自我」那類偉大的旅行計畫，只不過是單純遊玩的延續，更不用說還是蜜月旅行呢。相對於早已經從自助旅行裡自得其樂的繪里，我卻依舊在理想與現實的夾縫

中困惑著。

與日本比較起來，泰國或柬埔寨的物價的確低廉得驚人。住宿方面，一個人一晚僅要二百至三百日圓左右，在攤販解決一餐甚至不需要一百日圓。這般的物價對我們而言猶如住在天堂吧，然而儘管如此，當地人依舊貧苦。雖然我至今仍無法理解先進國家與開發中國家之間的貧富差距，但眼前所見的一切卻讓我有機會去思考一些問題。其中，即使是柬埔寨所搭乘的卡車上，沿途觸目的村落景象，都足以讓我感受到文化的衝擊。因卡車在叢林裡故障而不得不下車時，隨即有穿著破爛髒污衣服的小孩跑來，不說二話即伸出手來，雖然那種「乞討」的行爲實在令人不勝其擾，但若看見他們的模樣或居住的地方，所謂的「貧窮」卻是眞實存在眼前，讓我實在不知道該如何以對。

這是後來才知道的事情，原來柬埔寨是世界上最貧窮的國家之一，據說前幾年還處在內戰中呢；在食物方面，比起鄰近的泰國也相當缺乏。不過，這裡的吳哥窟卻是號稱亞洲屬一屬二的世界遺跡，也連帶帶動前往柬埔寨的觀光客逐年增加。不用說，我們也是爲了吳哥窟遺跡而來，而事實上，那裡的遺跡的確美麗極了。宏偉的石造建築物與精緻的雕刻壁畫，雖然已經是歷史的產物，但卻仿佛仍感覺到它的呼吸，充滿著眞實的生命力

量。

我們待在吳哥窟所在的據點暹粒市時，遇見了一位名叫多姆的柬埔寨人，他是經常出入我們住宿旅館的摩托車車夫，年三十四歲。由於已經有些禿頭了，所以看起來比實際年紀還要蒼老。我們搭著多姆與他朋友的摩托車參觀吳哥窟，四天下來，他們騎著摩托車在酷熱中奔走，卻僅有十六美金的收入。雖然比起平均的柬埔寨人來說，已經是相當優渥的薪資，但像我們這樣的年輕人卻以微薄的工資差遣一位比我們大上十歲的長輩做事，心中還是過意不去。

某日，多姆說起自己的身世：「我的父母在內戰時被波布黨(赤棉)所殺害了。」雖然他只是輕描淡寫地說著，但我卻感受到話裡的沉重。其實柬埔寨是個歷經波布黨大虐殺、擁有悲慘歷史的國家，儘管那是才不久前發生的事，但我們所接觸到的每個柬埔寨人卻都是那麼開朗親切。現在的柬埔寨也看似和平安祥，但是想到眼前的多姆卻曾經面對那般殘酷的遭遇時，還是有想爲他做些什麼的衝動。只是身爲平凡旅行者的我們，終究還是無能爲力啊。

目睹柬埔寨的貧困種種，老實說，在心底深處感覺到：「身爲日本人眞是太幸福了啊。」雖說如此，但也不是意味著我們身在富裕的日本，就顯

得特別偉大。當我看著即使擁有悲慘過去卻依然保持祥和微笑的多姆，還有雄偉壯觀的吳哥窟遺跡時，心中也開始思索著某些事。這趟旅行畢竟才剛剛開始，世界到處充滿著我尚未理解的事物啊。

妻子的離家出走

那是在柬埔寨首都金邊所發生的大爭吵。那天，一大早我們出發到了市場。在市場時，丈夫說：「想吃麵包。」妻子說：「啊，那裡有賣麵包啊！」結果，丈夫卻說：「不，不是，不是那個。」然後開始碎碎唸。就在你來我往的言語間，開始變成了爭吵：「我好心告訴你，你竟然還這樣對我！」「為什麼連我想吃什麼，妳都要干涉！」如今回想起來，當時只是單純的肚子餓罷了……。可是之後卻引發了兩人之間前所未有的最嚴重爭吵。

友和的說詞

在市場大吵一架後繪里先離開了，待我獨自返回旅館、敲了敲房門，咚咚……卻沒有任何的回應。試著打開門，卻已經上鎖，我有種不祥的預感，連忙慌張地打開房門的鎖匙。原本光線不足的房間裡電燈已經熄滅，眞的是一片漆黑。在黑暗中我試著打開了牆壁上的電燈開關。「咦！好像與剛才出門時

繪里的說詞

「我一定要離家出走！」我下定決心，氣憤地從市場獨自回到房間，還是難掩心中的怒火。錯的根本不是我啊，是友和！我把自己的東西塞進行李裡，快速地步出房間，缺少了我的行李的房間雖然顯得令人心痛，但也只有這麼做才能止住怒氣。

其實當時的爭執不應該演變成那樣的情

有些不一樣，難道是走錯房間了……。」我環顧四周，終於發現哪裡不一樣了。房間裡只剩下我自己的行李，方才還放置在一旁的繪里的行李、還有換下來散亂的衣物，全部消失不見了。而桌上，靜靜地地躺著一張十元美金。我被拋棄了！看來她已經提著行李離家出走了。

妻子在柬埔寨竟不告而別了……領悟之後，剛才的震怒瞬間煙消雲散，突然轉變成了落寞。無論如何我得找到繪里啊！時間已經是傍晚的六點鐘，尤其是在柬埔寨治安最糟的金邊，日本女孩獨自走在夜晚的街道上，實在是太危險了。雖說她已經習慣了自助旅行，但還是令人擔心啊。我招來一輛摩托車，開始出發尋找新婚的妻子。儘管如此，仍不知從何找起。不過已經夜幕低垂，況，但在毫不考慮前因後果的衝動之下，我還是離開了投宿的旅館。走到旅館外面，一位拉客的大哥問我：「在找旅館嗎？」不管三七二十一……就跟隨那位大哥的身後走去，沒想到他帶領前往的旅館竟就在我離家出走的旅館隔壁。嗯嗯嗯，我不禁想起「最危險的地方就是最安全的地方」，友和怎麼也想不到離家出走的妻子竟然就住在隔壁的旅館吧，想著這些，我決定在這裡住下來。

雖然這家旅館看起來有些陰暗，但總覺得「所謂的離家出走，就應該投宿在這樣破舊的旅館」吧。我放下行李，開始準備在住宿名單上塡寫資料，但想到也許丈夫會來尋找離家的妻子，於是寫下了「Rie・Tunoda」的匿名。是不經意想到的匿名，不過怎麼看都像是推理小說裡犯人的名字，寫著寫著也有些她不可能在這個時候離開金邊市區，照理說應該會先找個地方住下來吧，儘管要找遍所有的旅館是不可能達成的任務，但還是在有限的時間裡尋找看看。

「這裡有住著日本女孩嗎？」我用著破爛的英語周旋於每間廉價的旅館，也許大家都感受到我表情裡所流露出的悲哀吧，所到之處人們無不親切耐心地應對。從住宿登記簿裡的確發現了很多日本女性的名字，唯獨就是不見繪里的名字。雖然她也可能使用假名登記，但卻都不是她的筆跡。而後又繼續尋找，結果還是沒有她的下落。「還是回去吧！」摩托車車夫如此說道，此時夜已更深了，決定今晚就此打住，先回去旅館吧，看看手錶，竟然已是九點過後了。

翌日清晨，我去到旅館附近的網咖準備檢查信件時，竟發現了繪里寄來的信，信裡並顫抖心虛。同時，在那樣衝動的情況下離開，心中也有些許的不安，覺得自己是不是再也回不去了。友和發現我不在房間時，應該會很驚訝吧，他一定在到處找我吧……但是，如今都已經在這裡住下來了，總之今晚就在這裡過夜吧。下定決心之後，我朝著可以看見湖水的陽台走去。

來到陽台，突然一驚，沙發上為什麼躺著幾個黑人，因為我的出現他們也都往這裡瞧，黑色的臉龐使得眼白更為耀眼，我惶恐地與他們打招呼後，他們也全都露出了白色的牙齒微笑對著我示好。但是，這裡為什麼住著這麼多黑人呢……？

我膽怯地與他們交談後，才知道他們是到這裡工作的長期居留者，是因非洲出身的旅館老闆的招募而來。或許是對於突然出現的日本人感到好奇吧，他們露出好奇的眼神詢

妻子的離家出走

沒有告知所在之處，但知道她平安無事也就令我放心了。剩下的只有等待她的回心轉意吧，我想，如果她眞的不想回來，強迫帶她回來，反而會造成反效果吧。我決定放鬆心情，一個人到金邊街上逛逛。漫無目的地走著走著，但一個「HAIR CAT」的招牌吸引了我的目光，明白那是「HAIR CUT」的誤寫，但那樣的錯誤在柬埔寨實在不足爲奇。想到這裡，從日本出發前，由於過於忙碌的結果，最後還是沒有時間去理髮。而後也沒特意留意，就這樣任由頭髮亂長了。在好奇心的驅使下，忽然想在柬埔寨剪頭髮看看，而且，或許也可以當作是對繪里的懺悔之意吧。於是我決定理個平頭，以表示反省之意。

由於是初次在國外上理髮廳，換做過去的我恐怕會猶豫不決吧，但也不知爲什麼就若

問著：「在日本，眞的會吃生的魚肉嗎？」那些外貌看似可怕的黑人們，深入交談後，才發現他們其實都很有趣且可愛。由於與偶然相逢的他們交談甚歡，所以我又多留了一晚。友和應該會很擔心吧……心裡燃起了那樣的念頭，決定第二天早上寫封郵件給他，告訴他一切安好，這樣應該就沒有問題了吧。

翌日，我用數位相機幫那些黑人拍照，然後立刻秀給他們看。原本懶散地坐在那裡的他們，好像很討厭被照相似的，每個人都驚

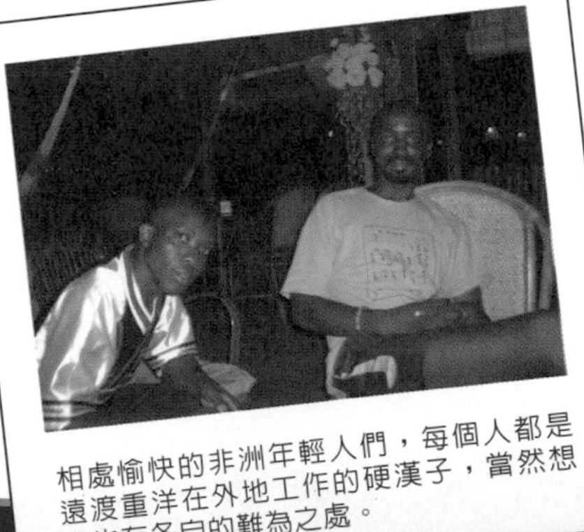

相處愉快的非洲年輕人們，每個人都是遠渡重洋在外地工作的硬漢子，當然想必也有各自的難為之處。

無其事地走進了店內。結果，在一陣雞同鴨講中，竟已經被引到座位上去了。蓄著說好聽是「龐克頭」、說難聽些是「平頭」的剃頭師傅手拿著剪刀彷彿在說著什麼似的，但卻無法以英文溝通。也許他是在詢問，我想剪成什麼樣的髮型吧。我嘗試比手畫腳地說明自己期待的髮型，但依舊無法讓對方了解，無可奈何之下，乾脆說：「請幫我剪成與師傅一樣的髮型吧」！但還是難以溝通。最後只好指著師傅的頭髮說道：「same、same。」對方好像終於懂得我的意

走進國外的理髮廳也是需要勇氣的。怯懦地要求對方：「可以幫我拍張照片嗎？」換來的是對方怪異的眼神。

慌地說：「我被拍下來了呀？」原來他們從未看過數位相機，其他一位奈及利亞的年輕人對我說道：「回到日本，可以幫我買相同的相機，然後寄來給我嗎？」於是我們兩人開始交換電子郵件地址。就在這個時候，我才想起自己是離家出走的，在這家旅館是以「Rie・Tsunoda」的匿名投宿的。更悲慘的是，總是親密叫我「理繪，理繪」的老闆娘就在附近，我得小心提防讓老闆娘看見，準備寫下電子郵件地址時，又很害怕若是被質疑爲什麼要使用匿名時，該怎麼回答與解釋呢……由於我的電子郵件地址是使用「松崗繪里」的舊姓，若誠實地寫下，肯定會招致詢問的：「松崗繪里，是誰啊？」於是我膽怯地寫著「rietsunoda@～～」的僞造電子信箱，那個非洲年輕人高興地大叫。我心裡則懺悔地說著，抱歉啊……。

思，微笑地點頭。理髮廳的師傅比我想像得還要鎮靜，而且其他客人也沒有因爲來了個外國人而有任何的騷動。隨著師傅俐落的修剪，瞬間我的頭髮就變成了龐克……不，應該說是平頭。當然沒有洗頭或吹整等，全程僅十五分鐘左右就大功告成，共計兩元美金。雖然鬢髮也一併被剪掉了，但倒也還不難看。

翌日，我又到網咖檢查郵件時，竟看見繪里正在敲打著鍵盤。她看見我時，露出了像是做壞事的小孩被發現時的表情，我立刻摘下帽子，浮現出滿臉的笑容。

翌日，在附近的網咖巧遇了友和。兩個人住得這麼近，當然難免會碰上面，但友和顯然毫不知情，還以爲自己被狐狸纏身般的驚訝。那天的爭吵早已煙消雲散了，面對友和不斷的道歉，我也早就不生氣了，反而想告訴他「其實離家出走後，過得還蠻愉快的」。但在滿臉歉意的友和面前終究是說不出口啊……最後我們還是和好了，一起返回了原來住宿的旅館。不過事實上，在我的心底深處還是淡淡地想著：「若是能多待在那個非洲人住宿的旅館，不是該有多好啊！」

越南

Socialist Republic of Viet Nam

2002年7月23日 ▶
柬埔寨金邊(Phnonpenh)→
胡志明(Ho Chi Minh)
7月26日▶
胡志明(Ho Chi Minh)→芽莊(Nha Trang)
7月30日▶
芽莊(Nha Trang)→會安(Hoi An)
8月1日 ▶會安(Hoi An)→順化(Hue)
8月3日 ▶順化(Hue)→河內(Hano)
8月8日▶
河內(Hano)→老街(Lao Cai)

1.越南風的麵條PHO，是早餐必吃的食物。攤販的阿姨手腳俐落地做給我們吃。 2.食慾大好的兩人，越南的食物既好吃又美味。 3.順化的古城，古色古香很適合約會 !?

4.越南中部會安著名的「KAOGLAOG」(一種魚丸湯)。 5.越南的雜貨造型精美，就連鳥籠都顯得那麼可愛。 6.興奮買下越南傳統服裝的繪里，與旅館的老板娘合照。 7.三個戴著草帽的女孩，標準的越南打扮。

蜜月旅行竟敢找來其他的男伴隨行!?

by 繪里

菊川先生，是我學生時代在亞洲自助旅行時認識的朋友。是少有挺著大肚子、長得又有趣的自助旅行家，若他再瘦些，肯定是八〇年代青春偶像電影的男主角，或是橄欖球隊的主將，不過總之現在的模樣就像是橄欖球隊裡的候補球員一樣。聽聞菊川先生比我們晚一個月出發起程，而且部分行程還相同時，我就透過電子郵件希望能在越南碰面。

約定好碰面的時間後，我對友和說：「友和，我們可以見到菊川先生了耶！」但他似乎沒有特別的興奮，僅是淡然地說道：「喔，是喔。」的確，友和從未見過菊川先生。「菊川先生，是幾歲的人啊？」「嗯，三十幾歲吧，我也好久沒見到他了，突然之間就變成人家的太太了，哈哈哈。」我們兩人的對話告一段落，剎那間氣氛凝重了起來。「什麼，是男的嗎？」「咦，你不知道嗎？」「……」就在我感覺到似乎有些不對勁時，友和突然冷冷地冒出了一句話：「本來就不知道啊！」言語裡雖然沒有責備的意味，但從他的表情看來，分明就是在說：「蜜月旅行竟敢找來其他的男伴隨行！」

哇啊，好傷腦筋喔。我與菊川先生是在旅行中認識的，彼此都是自助旅行的愛好者，所以根本沒有所謂男生或女生的分別。因爲我不在意性別上的差異，所以自然也不會刻意向友和提及菊川先生是男的。不過，就算友和心裡想著：「蜜月旅行竟敢找來其他的男伴隨行！」畢竟這個蜜月旅行還得繼續將近一年的時間，難道這期間我都只能提及女性朋友的種種而已嗎！什麼嘛，管他的！想著想著，我決定不再與友和多說有關菊川先生的事了，決定等到見面那天再說了。也許，當時的我也想賭賭看，看看他們兩人究竟能不能和睦相處吧。

越南的首都河內，是個兼具東南亞悶熱氣候與古都寧靜的城市。在這裡，我見到了久違的菊川先生，他依舊沒有變，還是那帶有光澤的肌膚，並沒有隨著歲月而變成歐吉桑，依然會突然說出傻話令人發笑。雖然表面上一片和樂，但友和與菊川先生之間總有說不出的微妙感。

在那樣的氣氛之下，我、友和與菊川先生決定參加下龍灣(Halong Bay)的郵輪之旅。下龍灣以蜿蜒的奇石海岸出名，置身其中宛如誤入了水彩畫的世界般。郵輪之旅終於平安結束了，我們搭乘巴士返回河內之際，竟發生了一段小插曲。當時久等而姍姍來遲的巴士已經毫無空位了，與同行的導遊說「搭不上去了」，但他卻還拼命地要讓遊客擠上車子，那種強迫方

式，果然是越南的作風！但此刻已經不是感慨的時候了啊，回到河內還需要兩個小時以上，而且沿路都是坎坷的泥巴路，還得站著回去呢。「我們可是付了錢參加旅遊團啊，爲什麼要遭遇這種對待呢！」但事到如今只有忍耐看情況了。數分鐘之後，導遊又開始蠻橫地安排座位，於是我們三個人就這樣被分開了，而且還有一個人是沒有座位的。就在忍不住要發出不滿時，始終保持沉默的菊川先生突然大聲地以英文說道：「他們是來度蜜月的！」

爲了替遭遇不平等待遇的我們抱不平，菊川先生漲紅著臉繼續說道：「懂了嗎？他們是度蜜月！讓他們坐在一起！聽懂了嗎？讓他們的座位在一起！」一個高壯的男生就這樣夾雜著日語與英語不斷地抗議著，導遊露出了不知所措的表情。我們看見菊川先生力爭的模樣，覺得好可愛，於是我們兩人忍不住相視而笑了。最後菊川先生不顧我們的婉拒，仍要求導遊更換位子，堅持讓我們兩人坐在一起，而他自己則蜷縮在不是座位的位子上直到抵達河內爲止。

原本擔心爲了與菊川先生會合，友和會因此而不高興，所以對菊川先生的態度反而不以爲意。但是，其實我們三人之中，也許就屬菊川先生最尷尬吧。他應該一直掛念著會不會干擾到我們的蜜月旅行，所以那時才會如

此面紅耳赤的斥責吧。無論身在何處，我依舊是十年前那個厚顏的女人，而那兩個男人卻才是最纖細的吧，對不起啊，菊川先生與友和。

相對於反省中的我，友和與菊川先生卻自從那次的旅遊以後，感情急速加溫。與菊川先生分別時，友和甚至忍不住淚眼盈眶。旅行的朋友，終究有相遇的一天！我安慰著友和，然後與菊川先生道別。而後，在行駛列車裡看著車窗外流逝而過的景色，友和一邊說道：「旅行的滋味，或許就是與人們的相遇吧。」我的賭注固然成功了，但從今而後我也要變成一個更能體貼別人心意的人啊，我下定決心了。

1

中國

People's Republic of China

2002年8月9日▶河口→昆明
8月11日▶昆明→麗江
8月14日▶麗江→昆明
8月15日▶昆明→上海
8月23日▶上海→蘭州
8月25日▶蘭州→烏魯木齊
8月27日▶烏魯木齊→喀什噶爾
9月3日▶喀什噶爾→烏魯木齊
9月5日▶烏魯木齊→敦煌
9月11日▶敦煌→格爾木

2

1.上海的夜景宛如未來的都市般，可以想像得到這個國家未來的發展。
2.敦煌的鳴沙山。駱駝好可愛喔，但是坐起來屁股很痛……

4

3

7

5

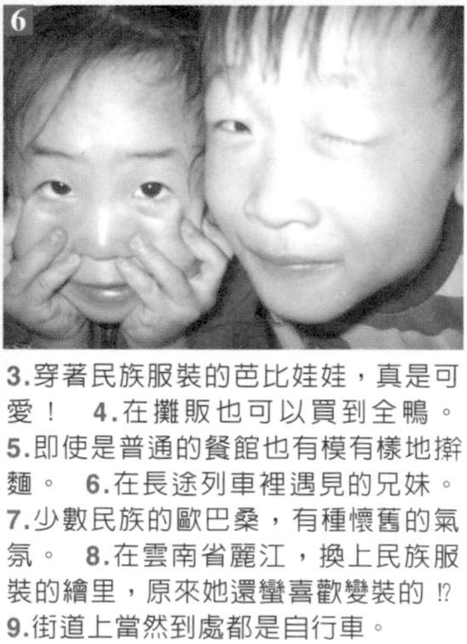

6

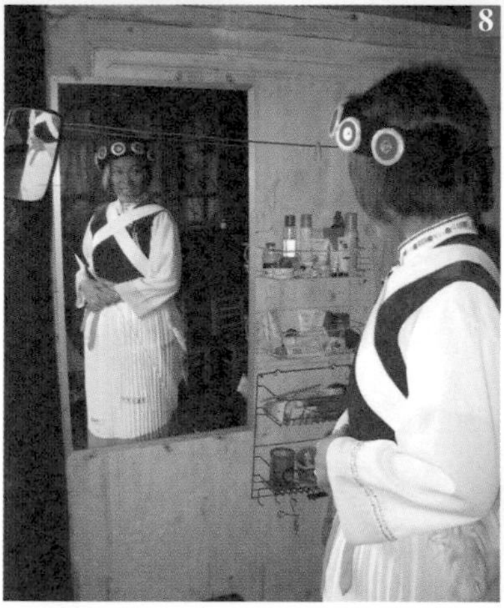

8

3.穿著民族服裝的芭比娃娃，真是可愛！　4.在攤販也可以買到全鴨。5.即使是普通的餐館也有模有樣地擀麵。　6.在長途列車裡遇見的兄妹。7.少數民族的歐巴桑，有種懷舊的氣氛。　8.在雲南省麗江，換上民族服裝的繪里，原來她還蠻喜歡變裝的⁉ 9.街道上當然到處都是自行車。

9

親情的牽絆

by 友和

「繪里的父親要來了！」初聽到時，坦白說我眞是怕得要命。繪里的父親，與一般人印象中的父親形象相距甚遠，無論是外表或觀念上，年輕得實在看不出已經超過五十歲了。即使在出發前聽到我說：「與繪里結婚後，決定辭去工作，準備去環遊世界」時，他仍若無其事地說道：「啊，是這樣啊，聽起來好像挺有趣的。」反正，就是那種不輕易發怒而寬容一切的父親。既沒有奇怪的偏見，也不會以世間的觀點去評斷事物。當然，他或許是表面裝作若無其事，內心卻還是擔心吧。因此，這次與繪里的父親在國外會合，應該也是爲了探望我們的旅行是否平安吧。然而畢竟是岳父，對於身爲女婿的我來說，無疑是世間最應該敬畏的人。既不能露出醜態，也不能讓岳父有絲毫的不愉快。於是我就這樣懷著奇妙的緊張情緒，等待著岳父的到來。

抵達中國雲南省昆明的翌日清晨，爲了與岳父會合，準備尋找網咖發電子郵件給岳父時，咦……那位好像是岳父啊……？他竟然在我們住宿旅館的餐廳裡，正聚精會神地用著早餐。岳父發現我們時，也笑了出來：「等

你們好久了呢！」面對岳父的沉穩，原本想說的歡迎之類的話語也全都忘了，僅是呆站著。

我們事先並沒有預定旅館，僅是偶然住了進來，雖然如此岳父還是找到了我們，突然有種被狐仙盯住的感覺似的。「在昆明，便宜的旅館就屬這裡了，所以我想，你們應該就住在這裡吧……」感覺他好像已經能預測我們的下一步或甚至下兩步了。果然是歷經百戰的旅行專家啊。其實繪里的父親長年在國外工作，一年僅數次回到日本。再加上五官原本就深邃，若是加上鬍子，根本不像土生土長的日本人，所以常被機場的海關等誤認爲阿拉伯國家的人，聽到這些時，由於深表同感，所以也特別印象深刻。這次，他則是利用泰國清邁的工作告一段落，趁著週末的些許時間，準備趕到雲南省與我們會合一起旅行。如今岳父就在眼前，雖然有些戰戰兢兢的，但看見他滿足地吸吮著稀飯，我不禁也覺得很愉快了。

飯後，我們先到昆明的電器街，不僅是我，就連岳父也喜歡電腦之類的科技產品。不過提議去電器街的卻是繪里，或許她很在意我與岳父之間「女婿與丈人」的關係吧，因爲她根本不是那種會喜歡電器用品的人啊。電器街街道旁盡是擁擠的攤販，上面擺滿了各式各樣奇怪的零件，同時還公然地擺著成堆盜版的CD或DVD等。中國雖然急速發展中，卻仍殘留這

些不堪的行爲，眼前那樣明目張膽的光景深深地震撼著我，繪里的父親似乎也有同感，於是我們聊起了中國電腦的現況，最後證明來到這裡的確對極了。

結束了電器街之旅後，所謂的家族旅行當然是去動物園！也許她眞的想去看吧，總之大家就隨著她的意思到了附近的動物園。雖然下著細雨，但動物園裡擠滿了帶著孩子來參觀的家庭，再加上我們三位奇怪的日本人。在那裡中國人的個性也表露無遺，儘管看板寫著「請勿餵食」，卻依舊拿餅乾餵食熊或獅子。那些猛獸也許因爲被關在籠子裡，早已失去了該有的威嚴吧，牠們伸長舌頭拼命地舔食散落在籠子外的麵包等。看到此，我們三人都笑了，原本的緊張感也已不知去向，果然氣氛更爲融洽了。

再往前走，發現有隻孤單落魄的動物盤據在籠子裡，原來是眞正的白色老虎啊。看板以漢字寫著「白虎」，就如字面所示，那隻白虎正在籠子裡悲嚎著，凜冽的神情讓人難以靠近，顯得有種孤獨又自傲的美。「這隻老虎，長得好像爸爸喔？」繪里覺得老虎的模樣很像自己的父親，不過好像眞的有那麼點相似，再看看岳父，僅是沉默地看著籠子裡，於是三人又陷入奇妙的沉默裡。

隨著雨勢變大，突然覺得有些冷。我與繪里都穿著長袖，但岳父還穿著

短袖。岳父雖然沒有說冷，但我還是把外衣脫下來給岳父，身高一百八十公分以上的我，那件外套穿在岳父身上的確有些太大。穿著寬鬆外套俐落地走在前頭的岳父，頓時全身的比例變得有些奇怪。

岳父回去時，把剩下的中國人民幣交給了我們，不過金額似乎不像是用剩下的，我們收下了岳父的好意，最後他甚至拔下了手上的手錶送給了我。我慎重其事地向他道謝，然後大家就此分別。儘管相聚的時間短暫，但我卻從岳父身上學到許多事情，三人之間也產生了家族的牽絆。突然覺得：「所謂的結婚，就是多了更多的家人啊。」

Column

中國

令人害怕的小姐

繪里

在中國，小姐就是「小姐」、「大姐」、「歐巴桑」等女性的總稱。在日本縱使面對女性時，也是說聲「不好意思」、然後打開話題，但在這裡則是說「小姐！」即使是像我們這樣的旅行者，聽著聽著也會記得。在中國到處都是小姐啊，餐廳的服務生、商店的店員、甚至是巴士的司機等都有小姐的蹤影。

中國的小姐，是充滿衝勁的。在餐廳裡對服務聲喊著：「小姐！」換來的是「啊？」的反應，一副就是「做什麼啊？」的感覺。最初聽到時會以為她們是在生氣，但漸漸地才知道那原來是普通的反應罷了。

在我們日本人的眼裡，小姐有時也會做出些令人心驚膽跳的舉動。妙齡的小姐會挖鼻孔，或是在行進中的列車裡突然把小孩放在車窗上！還有，即使是年輕的小姐，當她們把行李放上列車的置物棚架時，那黑色濃密的腋毛正奮勇地從她們無袖的腋下探出頭來，看得我目瞪口呆。根據之後的觀察，中國人的腋毛的確是蓬勃發展的，果然是一群「令人害怕的小姐」。

中國的發展令人期待，鐵定也是這群小姐們的功勞吧。現在她們應該依舊漫不經心地回答客人，一邊讓自己腋下的腋毛吹著風、一邊滿是衝勁地工作著吧。想到這些，身為同樣女性的我也驚覺到自己也該加把勁了。

1.堆積如山的細長西瓜。　2.放羊的孩子們。　3.喀什噶爾的假日市集，在這裡可以感受到絲路的景象。

新疆維吾爾自治區

Column

中國

45日圓的夕張哈密瓜

友和

喜歡逛市集的繪里，最鍾意的就是喀什噶爾的假日市集。那裡雖屬於中國，卻更接近中亞吧，是回教徒占多數的地區。五官與漢民族截然不同而特別深邃的他們，在沙漠似的市集裡叫賣東西的模樣，的確是充滿異國風情的。擺滿各種食物的市集裡，最吸引我的就是水果，尤其是「哈密瓜」。哈密瓜在中國是很普遍的水果，而新疆維吾爾自治區則是最大宗的產地。走在街上，會覺得哈密瓜甚至比人還多，就那樣滾來滾去的(我說的當然是街上賣的哈密瓜)。

哈密瓜的英文是「Harmi-Melon」，與其說是瓜，還不如說是甜蜜的果實。有人形容吃起來像是西瓜的甜瓜，果然是那樣的。清脆的口感與合宜的甜度，很能誘人食慾，由於水分與西瓜一樣豐富，許多中國人甚至會以哈密瓜代替水來解渴。

最初看到哈密瓜時，我覺得好像是北海道夕張的哈密瓜，因爲裡面也是橘色的。但是長得像夕張哈密瓜的哈密瓜，在產地新疆維吾爾自治區裡一顆竟只要一至三元人民幣，三元相當於四十五日圓，想到夕張哈密瓜動輒一萬日圓之高價，就覺得自己根本賺到了，哈密瓜(這四十五日圓就能吃到的夕張哈密瓜)果然是很棒的水果啊。

中國(西藏)

People's Republic of China (Xi Zang)

2002年9月12日▶格爾木→拉薩
9月24日▶拉薩→江孜
9月25日▶江孜→拉孜
9月26日▶拉孜→達希佐姆
9月27日▶達希佐姆→達木

1.拉薩郊區的甘丹寺內部，以紅色為主。 **2.**藝術般的西藏文字。 **3.**這麼小的孩子已經像個有模有樣的修行僧。 **4.**牆壁上整齊排列的轉經輪，旋轉後可以功德迴向。

5.在甘丹寺認識的年輕夫婦，難道也是蜜月旅行嗎？ 6.有名的西藏餃子，皮厚，裡面包的是羊肉。 7.拉薩的布達拉宮是天空的神殿，寺廟襯著湛藍的天空，真是美好的西藏！

我們是入侵者

by 繪里

「到西藏的拉薩最快也要十個小時，一般來說至少也要耗費十七個小時。」在內陸唯一能進入西藏的格爾木，一位看似可疑的西藏人不加思索地說道。西藏至今仍有政治的問題待解決，許多人以爲西藏是不可到達的地方，其實不僅飛機可以通行，還有眾多觀光客造訪呢。不過，外國人進入西藏必須取得許可證明，而且還被限制活動的區域。以中國的物價來說，那份通行許可證明雖僅需要蓋章，但卻昂貴得離譜……。

我們爲了抵達西藏，搭乘了所謂的「野雞車」，因爲外國人若要以正規途徑搭乘巴士進入西藏，所需的許可證明竟是當地人的近五倍價錢！不僅必須付錢，還得花上三十至四十個小時才終於能到達目的地。因此，許多外國自助旅行者都聚集在格爾木，爲的是搭乘那種野雞車。而且日本人與中國人外貌相似，公安幾乎是認不出來的。我們就秉持著應該沒有問題的僥倖心態，但另一方面又害怕被公安認了出來……懷著那樣忐忑的心情我們搭上了中國式的吉普車。除司機以外的乘客，有我們，還有看起來善良的大叔、看似媽媽般能幹的婦人及她帶來一歲左右的小嬰孩。

出發後不久，突然開始下起雪了。自東南亞出發以來，我們是第一次往北走，想起過去都是穿著短袖，早已曬得黝黑的我們，終於看見了旅行以來的第一場雪，我們高興地叫著「雪耶，雪耶！」興奮得不得了，但隨著漫長的時間，兩人也漸漸陷入沉默。不斷有冷風吹進車子裡，眞的好冷啊。出發前我還笑著說：「難道還要穿緊身褲和衛生衣嗎？」但現在覺得幸好自己有穿著。穿得比我單薄的友和，忍不住全身顫抖著。而且沿途的路況比想像中還要惡劣，有點像在百貨公司頂樓，投下一百日圓就能乘坐的那種搖搖椅，不過是持續坐一個小時、兩個小時，這樣的形容不知道會不會比較容易想像得到。

不過，眞正的地獄才即將要開始呢。車子徹夜地爬山、爬山、爬山……就那樣持續了十個小時以上後，我們終於抵達了其中的一個隘口，根據標示顯示已經超過標高五千公尺了。在那裡，司機終於關掉引擎、讓車子停了下來，除了我們搭乘的吉普車外，卡車或巴士等也都停了下來。原來，從這裡開始塞車了！

就在那個時候，可怕的事情降臨到我們身上，原來是高山病啊。這裡是比富士山山頂還要高的地方，寒冷讓我們身體顫抖，而且呼吸困難，腦後持續的疼痛。友和的症狀更嚴重，額頭還發燙著。而且悲慘的還不只如

此，剛才原本熟睡的小嬰孩突然睜開了眼睛，開始放聲大哭，再加上大聲斥責的媽媽，還有嘶吼著爲什麼把小孩偷偷帶上車的司機，眼前的景象就像是地獄般。友和在那樣的情況下，臉色蒼白、牙齒不斷打顫，而我卻不知不覺陷入昏睡。待醒來時，友和難過地說：「繪里，妳竟然睡得嘴巴都張開了。」眞是對不起啊，友和。

第二個地獄，是在即將抵達拉薩前約三百公里左右發生的事情。我們才說著好像快要到了，就看見眼前的檢查站，不知所措的我們只好趕緊裝睡。出發前因爲實在太害怕了，所以就拜託司機「千萬不能告訴公安，我們是日本人。」結果，當檢查站的公安上車來檢查時，沒想到司機竟說：「他們是韓國人。」啊！什麼，我們的確是交代他不能說我們是日本人啊，但沒想到他竟說是韓國人……。但一切都已經太遲了，我們被帶出了車外，還沒收了我們的護照，在公安的小小檢查站裡，我們就像兩個等待處罰的小孩般無助。再這樣下去，我們恐怕又會依原路被遣送回格爾木吧。高山病讓頭陣陣作痛，現在的我們只得努力爭取到底。

就在這時候，救世主出現了。那是搭乘隨行在後的另一輛吉普車，一位長髮的大哥。他是中國人，不過卻是此一行人中唯一會說英語的人。儘管我們知道搭乘的是野雞車，但還是淚眼婆娑地告訴那位大哥：「我們完全

不知情啊。」儘管司機說我們是韓國人，但我們也哭訴著說不知情。「大家都不知情，所以都沒有錯啊！」那位長頭髮的大哥拼命地向公安求情，時而插腰，時而撒嬌，時而哀求。

最後，我們與長頭髮大哥就那樣交涉了一個小時以上，結果是兩人必須繳付一千元人民幣(相當於約一萬四千日圓)。事到如今也不能逃避，既然說要繳付，也只得繳付了。算了，我們還有錢！於是取出一千元放在桌上，結果那位公安笑嘻嘻地把錢放進自己的口袋裡。眞是太可惡了，但錯的畢竟是我們啊。返回車裡，除了我們之外，每個人都在睡覺，那種事不關己的模樣果然是中國人的行事風格。距離拉薩還非常遙遠，這是旅行以來最沮喪的一次，我們彼此都不再交談了。由於擔心前面也許還有其他的檢查站，就那樣提心吊膽直到抵達拉薩，彼時已經入夜了。從格爾木搭上吉普車後已整整一天半，也就是經過了三十六小時了。再加上之前被罰款，手邊完全沒有人民幣，最後甚至還得向野雞車的司機討錢。啊，憧憬的拉薩果然是遙遠的啊……我們拖著疲憊的身體，終於能倒臥在床上了。

進入熟睡前，迷濛的意識裡還想著：「這個世間，吝嗇會帶來好處與壞處。」、「啊，這裡果然不是能隨意入侵的。」睡在旁邊的友和則是哀嘆著不該那麼掉以輕心。

越過喜馬拉雅山

by 友和

西藏的確是個稱得上祕境的地方，走到哪裡都是無窮無盡的地平線。抬起頭，眼前就是像藏青色顏料塗過的濃濃藍色天空。天空好低啊，以爲伸手就可以抓到雲朵了。湖水猶如鏡子般反映著天空，湖畔則有稱作犛牛的長毛高山牛群正在吃草。總之，根本就是遠離現實般的世界。在越過喜馬拉雅山的途中，突然看見了西藏佛教的寺廟，像是爲了避人耳目而偷偷在這裡搭建起來似的，寺廟與環繞的山巒搭配成絕妙的景色。另外，在這標高五千公尺以上的高山上，即使細雪紛飛，眼睛依舊能看見隨風飄舞的經幡。經幡是象徵西藏佛教的五色旗，也是西藏之旅中處處可見的東西。五個顏色分別具有含意，同時也期待旗子的佛法能隨風飄傳到世界。這個發想還蠻浪漫的。那些經幡儘管插在地球最偏僻的地方，但依舊強勁地飛舞著，看見此情此景，不禁心存敬畏，也對西藏人虔誠的宗教信仰感到佩服不已。

這裡最大的景點就是著名的聖母峰。離開拉薩的第三天，我們抵達聖母峰的露營區時已經是中午過後了。儘管依舊是晴空萬里，但卻感覺好冷，

再加上陣陣的風吹過，恐怕就連耳朵都會被凍掉了。我把登山衣的帽子蓋在頭上，再狠狠地拉緊繫繩，以前在日本時，這件衣服的帽子不過是一種裝飾罷了，如今卻充分發揮它原有的功能。提到聖母峰，即使周遭仍是晴天，卻僅有那個山峰隱身在雲裡。這裡風勢已經很強了，想必山頂更是強勁吧。在視野廣闊的小山上我們一邊冷得發抖，一邊等待著雲層散去。「好冷喔，好冷。」我們說了好幾遍，突然繪里大叫著，原來雲朵漸漸散去，終於露出了世界第一高峰了。聖母峰比想像中還要巨大，我們一邊讚嘆著，一邊凝視著山頂，那裡就是世界之頂啊！想著想著，覺得費盡千辛萬苦來到這裡，果然是值得的。

尼泊爾

Kingdom of Nepal

2002年9月28日▶
柯達里(Kodari)→加德滿都(Kathmandu)
10月6日▶加德滿都(Kathmandu)→那加闊(Nagarkot)
10月7日▶巴克塔普爾(Bhaktapur)→加德滿都(Kathmandu)
10月8日▶加德滿都(Kathmandu)→那加闊(Nagarkot)
10月12日▶那加闊(Nagarkot)→加德滿都(Kathmandu)
10月16日▶加德滿都(Kathmandu)→波卡拉(Pokhara)
11月7日▶波卡拉(Pokhara)→加德滿都(Kathmandu)
11月15日▶加德滿都(Kathmandu)→蘇瑙釐(Sunauli)

1.喜馬拉雅的國度……挑戰登山。 **2.**這個臉！散步時，偶爾會發現意外的驚喜。 **3.**從中午就開始閒聊的歐吉桑們。 **4.**鄉下的孩子們，個個都是好孩子。

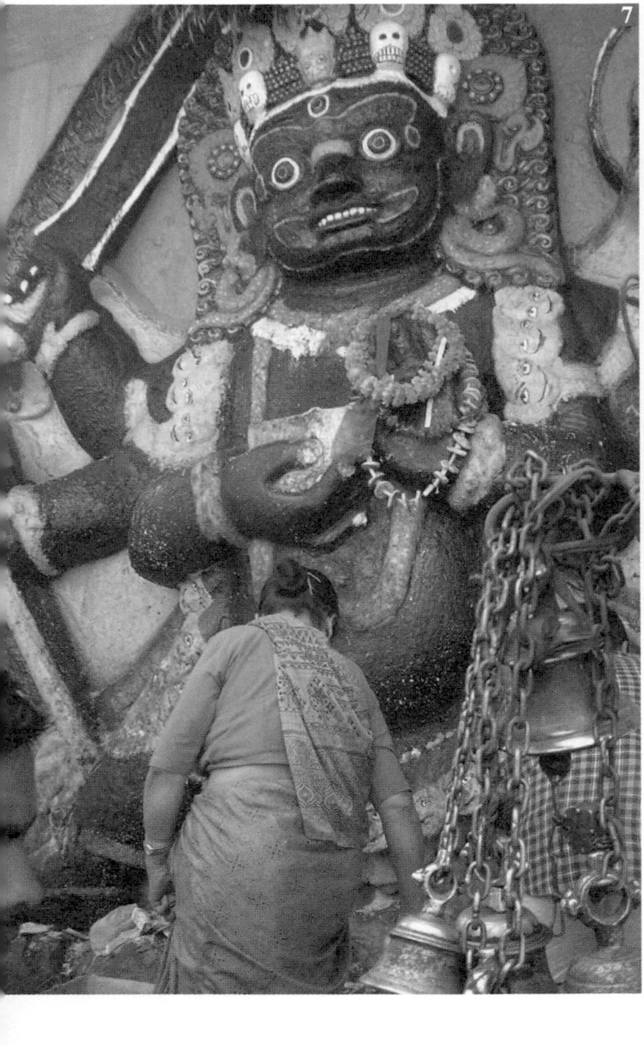

5.達善節的秋季節慶，來了一位買雞的少年。 **6.**神比人還要多的尼泊爾，即使在廟宇前面也可以擺攤。 **7.**濕婆神的化身，的確非常具有震撼力。

虛幻的婚禮

by 繪里

羌多拉，是進進出出我們在尼泊爾首都加德滿都住宿的旅館、日語流利的皮條客。在國外遇見日語流利的人，總會覺得對方應該不懷好意。但是，儘管他才二十三歲，卻一副大嬸的模樣(竟然不是大叔，那又是爲什麼呢)，怎麼看都不像是會騙人的好青年。

某天，我們在旅館與羌多拉談起話來，才知道達善節即將到來。羌多拉興奮地說道：「達善節的第二天，我就要結婚了，歡迎你們到我家來。」什麼，結婚！恭喜啊！我們大嚷著。據說，他的老家在偏僻的鄉下，我們可以從達善節住到婚禮結束爲止。但是……我們開始煩惱了。縱使他是再好的青年，如果就這樣跟著去，眞的沒有問題嗎？但是，可以在尼泊爾的鄉下看見傳統的慶典與婚禮，是多麼難得的經驗啊……。結果，我們還是決定不顧一切跟隨他回家。看著他天眞無邪喜悅的模樣，我們不禁對於自己之前的猶豫感到抱歉。

去到他老家的前晚，我們先到他目前的居所，那個地方距離旅館徒步約十分鐘，是簡單樸素的公寓，裡面有個名叫吉妲的二十歲新娘正笑嘻嘻地

等著我們的到來。我們看見羌多拉歡欣鼓舞的模樣，猜想他的新婚妻子應該很漂亮，沒想到吉妲比我們想像中還要更美麗，簡直讓一切都蓬蓽生輝了。友和像個色鬼似的害羞地看著新娘，然後拍著羌多拉的肩膀說：「娶了這麼可愛的女孩，你眞是幸福啊。」

據說在宴會結束之前，吉妲都會穿著新娘的服裝，尼泊爾的女人在婚禮時才會初次穿上傳統服裝紗麗，也就是說紗麗代表一個女性邁入成年。當吉妲穿著紗麗走進房間時，我不禁流下了眼淚，彷彿仍沉浸在自己之前婚禮的感傷中。我們看著穿著絲綢紗麗的吉妲，而羌多拉在旁邊一直說著不好意思，想必結婚當天他應該會更害羞吧。看著他害臊的模樣，我們都備感溫馨。就在我們準備返回旅館時，羌多拉突然開口說話了：「可以借給我一千五百盧比嗎……」他保證回到老家後一定會歸還，如果不想借的話也沒有關係，隨即一口氣把杯子裡的水喝光。怎麼辦呢……。看看身邊的友和也是一臉不知所措的模樣，我開口說當然沒問題了，友和隨即鬆了口氣，趕緊從錢包裡取出了一千五百盧比交給了羌多拉，我則像置身在遙遠的世界般發呆著。

「如果，那筆錢不會還我們呢？」回程我不禁問道。「是啊……也許不會歸還了。」友和說。那爲什麼我們明明知道可能不會歸還，又把錢借了

出去呢？一千五百盧比相當於尼泊爾平均月收入的四分之一，「但是，換算日幣也還不到三千日圓啊。」我們開始安慰著自己，而且若沒有借給他，似乎又對兩個幸福的新人感到抱歉。腦海裡浮現的盡是羌多拉微笑的模樣，我們就這樣沉默地返回了旅館。

從羌多拉居處返回旅館的我們，遇見了旅館的工作人員喬尼，他問我們明天要去哪裡，就在我們回答之前，他面色凝重地說道：「難道你們要去羌多拉的老家嗎？」他開始叨叨絮絮地說著：「如果是這樣，最好還是不要去比較好，因爲太危險了，過去曾有六、七位日本人到他的老家去，結果都被騙了。」什麼！究竟是怎麼回事？仔細詢問後才知道多半與金錢有關。羌多拉帶著日本旅行者到自己的老家，然後編造各種理由騙取金錢，有人甚至被騙了兩萬盧比(約折合四萬日圓)。老實說，我們乍聽到時眞的很震驚。剛才借出了一千五百盧比的記憶還如此的鮮明，讓我們始終不敢告訴喬尼實情。

返回房間，我們都覺得心情沮喪。究竟應該怎麼辦呢，明天清晨羌多拉就會來接我們了啊。明知道危險卻還前去，未免也太愚蠢了，不過我們想起羌多拉的笑容時竟也難以下決定，而且他說過一定會還錢的啊……。詐欺的受害者多半到最後仍不自覺自己是受騙了吧，也許我們就是那樣的狀

況。但是，我們實在無法想像擁有那樣笑容的人竟然是騙子，不，根本是不願意去想像……。最後，我們決定不去羌多拉的老家了，因爲即使去了，懷著那樣的心情也不會玩得盡興。翌日清晨我們去到約定地點告訴羌多拉無法前去，他露出了失望的表情離去。想必是很傷心吧。

結果，我們在羌多拉從老家回來前，就離開了加德滿都。想著如果再見到羌多拉時，他如果眞的還我們錢了呢？想著想著，就覺得自己似乎太殘忍傷害了別人。終究我們是來自經濟大國的日本，是既善良又容易受騙的自助旅行者，但是，如果他眞的還錢了呢，我們還是寧願那樣相信著。

離開加德滿都後，一位自稱看過我們網站且因旅行認識羌多拉的網友來信，他說那就是羌多拉一貫的作法；也有些人來信說羌多拉自己努力學會日語，是個值得尊敬的人。但哪一個才是眞正的羌多拉呢……。不過，現在我們回想起的還是他那猶如大嬸般的笑容，以及吉妲美麗的模樣。

「旅行時，究竟該信任他人到什麼程度呢？」這似乎是旅行者永遠無解的疑問吧。每個國家都有將旅行者視爲待宰野鴨的壞人，但也會有眞心對待外地者的人們。儘管過份信任會遭來悲慘的命運，但若不去信任似乎又顯得太可悲了。我們從加德滿都的經驗裡，學習到夾縫之間存在著備受試煉的人性。

OSHIBA
SPEED
40KM

在印度，牛是神明，但經常可以看見這樣呆呆的小牛……

印度

India

2002年11月16日▶
尼泊爾蘇瑙釐(Sunauli)→瓦拉那西(Varanasi)
11月29日▶瓦拉那西(Varanasi)→沙特那(Satna)
11月30日▶沙特那(Satna)→卡修拉荷(Khajuraho)
12月3日▶卡修拉荷(Khajuraho)→阿格拉(Agra)
12月5日▶阿格拉(Agra)→海德拉巴(Hyderabad)
12月9日▶海德拉巴(Hyderabad)→班加羅爾(Bangalore)
12月12日▶班加羅爾(Bangalore)→佈達巴地(Puttaparthi)
12月15日▶佈達巴地(Puttaparthi)→漢比(Hampi)
12月18日▶漢比(Hampi)→果阿(Goa)
2003年1月4日▶果阿(Goa)→孟買(Bombay)
1月5日▶孟買(Bombay)→奧藍加巴德(Aurangabad)
1月8日▶奧藍加巴德(Aurangabad)→孟買(Bombay)

1.以灰褐色的街景為背景，漸漸有了旅人氣質的友和。 **2.**祭祀用的花與蠟燭，一個約30日圓。 **3.**黃昏的瓦拉那西，聖河被染成了粉紅色。 **4.**印度人多半長得像畫裡走出的人物。

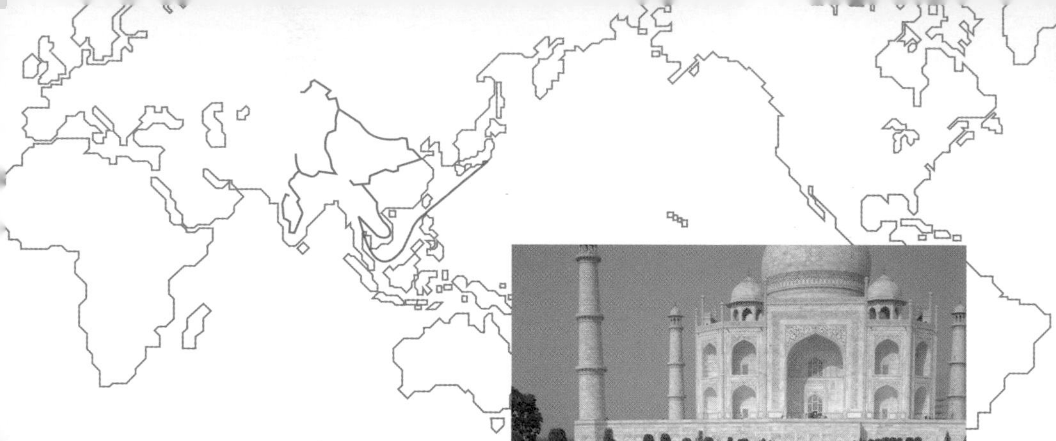

5.印度著名的建築物—泰姬瑪哈陵(Taj Mahal)。 6.慶典時，聚集了許多從印度各地趕來的人們。 7.南印度的傳統印度舞蹈。 8.仔細看還有點色呢!? 卡修拉荷的壁畫。

喧嘩與混沌的國度裡

by 友和

從尼泊爾經由內陸來到了印度。提到印度，其實是個自助旅行者間頗容易引來話題的國家，其中當然有好的說詞、也有不好的說詞(不過好像又以不好的說詞居多)。而且大家都有個共通點——就是儘管說著印度的壞話，但卻又愛著印度。這次已經是第四度造訪印度的繪里，就曾經說過「雖然遭遇到很多不好的事，但還是會想再來，印度眞有著難以言喻的魅力啊」。原本對於印度，我想到的只有咖哩而已，但聽聞許多人的意見後，漸漸也對印度有了過度的防備之心。

不過再怎麼小心注意，在印度還是會莫名奇妙捲入無法預期的災難裡。那是在邊境等待前往瓦拉那西的巴士所發生的事情。我們左等右等，巴士就是不來，去到購買車票的旅行社想要詢問原委，我們找來了當初賣給我們車票的大叔：「等不到巴士，這是怎麼回事啊？」我們問道。結果對方竟若無其事地說：「今天不會有巴士了，明天再過來吧。」「那把錢退還給我們。」那位大叔竟說沒有問題。什麼沒有問題啊，逐漸怒火沖天的我們開始激烈的抗爭著。最後，那位大叔或許是在百般無奈的情況下只得打

了電話，「聽說別處有巴士，你們到那裡去吧。」儘管結論還是令人難以接受，但那位大叔似乎沒有還錢的意思，我們只得不甘願地背著沉重的背包前去他指定的地點。

也許事先聯絡好了吧，那裡已經有位印度人等著。是一位看似黑手黨模樣狡猾聰明、蓄著鬍子的印度大叔，他說：「車票給我看看。」我們隨即交出了車票。那位大叔邊看邊說：「巴士不會來了，不過沒有問題，我可以用計程車載你們去，不過得再多付三百五十盧比(約一千五十日圓)。」什麼，爲什麼會變得如此複雜啊。儘管如此，當時我們已經疲於奔命，總之先到目的地再說吧，就這樣我們還是搭上了他的計程車。計程車以猛烈的速度奔馳在未鋪設的鄉間路上，儘管中途還與逆向車道的車輛擦撞、結果後照鏡甚至破了，但我們卻依然平安無事？終於抵達恆河(Ganges)最有名的瓦拉那西。才剛來到這個國家，竟就遭遇到那樣的事情……而後不知不覺間，我們又被無數的印度人騙過、耍過，總之遭到種種的慘事。不過我們從那些經驗學習到的，就是小心印度人的那句：「沒有問題。」

在印度，瓦拉那西是很特別的城鎮。在這裡，污濁的恆河裡有拼命沐浴的人們；在密密麻麻猶如迷宮的羊腸小路上，則盡是垃圾、糞便或小便等；也有說好搭車十盧比，可是抵達目的地時卻又辯稱是十元美金的黑心

車夫；還有不知是生是死、就像破布般攤在地上的人們；還有騙取外國人為其照相，再索取小費的冒牌修行僧；也有說是神明卻被殘酷對待的牛隻或戲鬧人們不知好歹的猴子等，在這裡似乎又以人類以外的登場演員居多。提到猴子，我洗好曬在旅館屋頂的內衣褲，都會遭到牠們的惡作劇，有時還被偷走。不得已只好去買新的內褲，但印度沒有緊身內褲，所以還眞是不習慣啊。總之，瓦拉那西就像是整個印度的縮影，如果要以一句話來形容，那就是「混沌」。對於初次來到印度的我而言，每天都是不斷的驚訝與新奇發現，由於太多的文化衝擊，最後甚至還發高燒陷入昏迷。

我們滯留在瓦拉那西期間，偶然碰上了盛大的迪華利節(Dewali)，據說是印度三大節慶之一，根據印度人的說法，那是瓦拉那西一年之中最美麗的日子。平日的瓦拉那西是那麼髒污，怎麼可能與美麗那樣的形容詞劃上等號呢，但有如此美譽想必是個不得了的節慶吧。

節慶當天，街上除了國外的旅行者，還有來自印度各地的人們，處處洋溢華麗的氣氛。由於是神聖恆河的節慶，沿岸的建築物都裝飾著霓虹燈，各色的燈泡閃爍著。河面上搖曳著無數的燈籠燭火，充滿夢幻的感覺。街上的女人們身著上等的紗麗，看起來非常嫵媚。河面上還設有舞台，表演著傳統舞蹈或民族舞蹈。街道上的喇叭不時傳來奇怪的音樂或某些了不起

人物的演說，吵鬧地叫囂個不停。在那樣的喧鬧中，有些孩子提著大水壺來回穿梭賣著茶水。我們搭上了隨著節慶而高漲船資的小船，沿著恆河環顧整個街道，那些數量驚人的燈光與人們，看起來竟然就像洪水般。

節慶翌日的瓦拉那西，又恢復閑散。昨夜焚燒的土器已經被踩碎、弄碎，散落一地。在日本，節慶過後會有專業的清潔人員來處理善後，但在印度卻沒有那樣的制度觀念。原本髒污的瓦拉那西又變得更髒了，但我卻覺得那種骯髒有種屬於骯髒的美，也許髒污或是混沌才是印度這個國家的魅力所在吧。好像終於明白了，爲什麼大家儘管懷抱著不好的回憶，卻又依舊對印度深深著迷的原因了。

गंगोत्री सेवासमिति

住院了

當時，在印度最大都市孟買的廉價旅館裡，丈夫躺在狹小的床上發著高燒。而方才妻子說要到網咖去看看，似乎也不可能那麼快就回來。丈夫對於突如其來的身體不適感到些許震驚，但起初還不以為意。妻子依舊做著自己的事，根本想不到丈夫已經陷入危急的狀況數個小時後，意想不到的發展正等待著他們……。

繪里看到的住院

回到友和獨自留守的房間裡，突然感覺到有些異狀，因爲他的聲音聽起來很虛弱，整個人無力地躺在床上。用手撫摸他的額頭，不得了啊，竟發著高燒。以體溫計測量後，簡直要嚇死人了，竟然燒到了三十九點八度啊。怎、怎、怎麼辦啊……。頓時慌了手腳，但還是趕緊爲他換上衣服，搭乘計程車

友和感受到的住院

我在印度的醫院住院了。由於突然發了高燒，也許是瘧疾吧……醫生和繪里似乎都那樣認爲。瘧疾……是很可怕的疾病吧，我覺得很害怕，不過經過血液檢查後，幸好不是瘧疾。最初由於高燒而顯得精神不振，但住院後第二天高燒已退，精神變好了，再加上沒有繼續發高燒了，我急著想趕快離開醫

趕往市內最大的醫院。

去到急診室時，剛好門口來了一輛救護車。救護車裡傳來了可怕的哀嚎聲，我告訴自己不要看啊，卻還是不小心瞧見了，被送來的那位男子從頭部不斷湧出鮮血。突然背脊一陣涼颼，隨即帶著友和躺在診間的病床上。「我丈夫發高燒快四十度了啊！」我拼命地向那位蓄著鬍子看似驕傲的醫生訴說病狀，那位醫生若無其事地點點頭，然後在紙上寫了些東西，交給我。

「?・?・?」看著完全狀況外的我，那位鬍子醫生以怪怪的英語解釋說道：「去藥局買這些藥，另外還要買針筒，之後再去櫃檯塡寫必要的文件。」什麼？我有聽錯嗎，這麼緊急的病患，爲什麼還要買這個、買那個的，不過那個鬍子醫生卻一副理所當然的樣子。

院。但是醫生卻說：「不能出院，至少得在病床上靜養五天！」由於繪里也能待在病房過夜，所以無可奈何之下，我們就把這裡當做旅館住了下來。

我住的這家醫院是孟買屬一屬二的頂級大醫院。病房是十一樓的寬敞房間，與日本的醫院相較下絲毫不遜色。病房的大窗戶視野良好，可以看見孟買最羅曼蒂克的景點濱海大道。也許是與費用成正比吧，醫院的照顧也相當盡心盡力。只要按下呼叫鈕，專屬的護士立刻飛奔而來。每天都會來換病床床單，還會打掃房間，並且會來收拾垃圾，還會詢問要不要刮鬍子……總之眞是無微不至，簡直就像是印度的國王般享受。「無論哪個國家的護士都像白衣天使啊，印度的護士也不賴啊，不，是太好了啊。」我竊笑不管怎樣，也沒有時間再去爭論什麼了，總之就是趕緊去到藥局。等了好久終於拿到了針筒與藥劑，對了，還有必要的文件。走到了櫃檯卻沒有半個人，只得來回找尋著櫃檯人員，若是這個時候友和有什麼三長兩短的話，該怎麼辦呢！就在等得不耐煩時，一位娘娘腔的印度大哥走了過來，雖然我的臉很臭，但還是耐住性子說明原委，結果那位大哥在筆記本上書寫完後撕下一張紙給我，然後索價十盧比。什麼？只不過是一張計算紙不是嗎？但也沒有力氣時間去爭辯了。我拿出了十盧比，那位大哥立刻將錢放進自己的口袋裡，那副模樣顯得更娘娘腔了。哇啊，眞是氣死人了！

回到急診室病房，友和依舊是痛苦的模樣。交出了拼命買回來的藥劑、針筒與文件著，卻見到繪里正在瞪著我，不好意思啦……。

不過，醫院裡使用的英語實在太難了，太多專門用語了，所以護士或醫生所說的單字根本就聽不懂。住院的第二天，護士拿來了一個空的燒杯，說著請「○○」。依照那情況，應該是要做尿液或糞便的檢查吧，但究竟是哪一個呢？無可奈何之下，繪里只好拿著空的燒杯指著前面也指著後面說道：「是這裡？還是這裡？」就那樣比手畫腳地想要確定究竟是尿液、還是糞便？沒想到在現場的護士們個個面紅耳赤，隨即爆笑出來。最後終於明白是要尿液檢查，不過連我都覺得不好意思了，只有繪里一副若無其事的模樣。

雖說住院的生活很舒適，但醫院終究是醫

住院了

後，鬍子醫生又是一副理所當然的模樣；「把屁股露出來！」鬍子醫生熟練地在友和的屁股上注射藥劑。接著旁邊一位看似工作人員模樣的人走了過來，又再度伸出手來：「三十盧比。」原來是那位鬍子醫生打針的代價，只好又付了三十盧比。

之後，儘管覺得還是住院較爲保險，但也不知道該如何是好？醫生也是建議住院，而且病房從大病房免費的病床到一晚五千五百盧比(約一萬六千日圓)的個室都有，共分爲十種以上的等級。你們付得起多少錢呢？被如此問道時，儘管以當地的匯率自助旅行者不可能隨身攜帶那麼多的現金，但事情演變到這種地步，我簡直快要氣炸了。「我們正在旅行，所以身上沒有帶著現金，明天就可以籌出錢來，你們就給我們最高級的病房吧！」

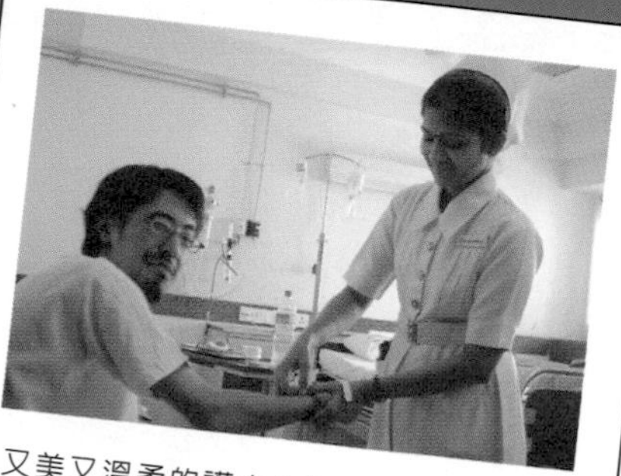

又美又溫柔的護士小姐，害我有些不好意思。若是餐點再美味些，簡直就是人間天堂了啊……

院。躺在病床上的生活，畢竟不是好事啊。更慘的是餐點的問題。令人驚訝的是，印度就連病房的飲食都是咖哩。對於日本人來說，病人不應該吃些刺激性的食物……但印度人似乎沒有那樣的觀念。不，給病人吃的咖哩在味道上的確較爲清淡，但儘管如此，虛弱的身體卻一點也不想吃咖哩啊。只有早餐會端出麵包或稀飯，午餐與晚餐簡直餐餐都是咖哩。咖哩、咖哩、麵包(咖哩風味)、咖哩、咖哩、稀飯雖然還不清楚保險是否能負擔醫療費用，但也管不了那麼多了，我的心中燃起了熊熊的鬥志。雖說是貧窮的旅行者，但終究是來自經濟大國的日本啊，錢、錢，反正有的是錢！

也許裝做有錢人的模樣果然比較有利吧，不久來了一位年輕又親切的醫生，他微笑地向我們打招呼，與剛才的待遇簡直如天壤之別。這時他們特地為友和準備輪椅，慎重其事地送他至病房。那個時候，剛才在我們之前被救護車送來的男子依舊頭流著鮮血呻吟著，但卻沒有任何人前去理會，只是任由他痛苦不堪，而旁邊則是憂愁滿面的家屬們，想必是因為付不出治療的費用吧。

「人的生命是金錢所無法支付的。」這句話在這個國家似乎是不成立的。印度的貧富差

（咖哩風味）、咖哩、咖哩……。眞的會吃到神經衰弱啊。沒有辦法，只好請繪里偷偷地帶外食進來，不過醫生卻說咖哩幫助消化，所以極力鼓勵我要吃醫院準備的食物。不過，最後我剩下的咖哩，都被繪里吃個精光。

有一天，繪里借用了醫院的廚房，煮了日本寄來的日本細麵給我吃。回想起來，不只是飲食方面，這次也多虧了繪里的照顧，她帶我到了醫院，又去辦理住院手續，還處理了保險的醫療補助。而我僅僅是躺在病床上，其餘麻煩的事都是由她處理負責。而且她總是陪伴在身邊、給我安慰，否則若我一個人困在印度的病房，將會是多麼的無助與孤單啊。雖然她做的僅是淋上醬汁的簡單細麵，但卻好吃得不得了啊……。

最後就在不甚瞭解病情的情況下出院了，

住院了

距懸殊，位於最底層的人們只能在街上落魄的生活。在這裡已經見過太多悲慘的景象了，也更了解金錢在這個國家的重要性。以前覺得那是印度的事情，與自己無關，但等到自己成爲當事者時，才感覺到氣憤難耐。「有錢能使鬼推磨。」雖然很可悲，但卻是這個國家的現狀啊。最後，我們可以尋求保險給付醫療費用，所以一切還不成問題。在安靜的病房裡，我唯一想到的就是身爲日本人眞是太好了，加入保險眞是太好了。

我們看了出院後開出的診斷書上，病名欄寫著「acute gastro-enteritis」。又是個不懂的單字啊！結果查了字典後，才知道原來是「急性腸胃炎」，也就是突然吃壞了肚子吧。雖然如此，竟然必須住院五天……印度的病毒果然猛烈啊。不過，換個角度想想，能這樣也是不幸中的大幸啊。

SSSB.BANIANS
MANUFACTURE

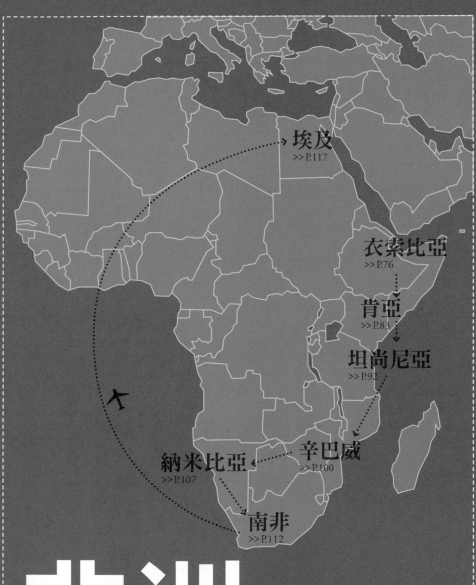

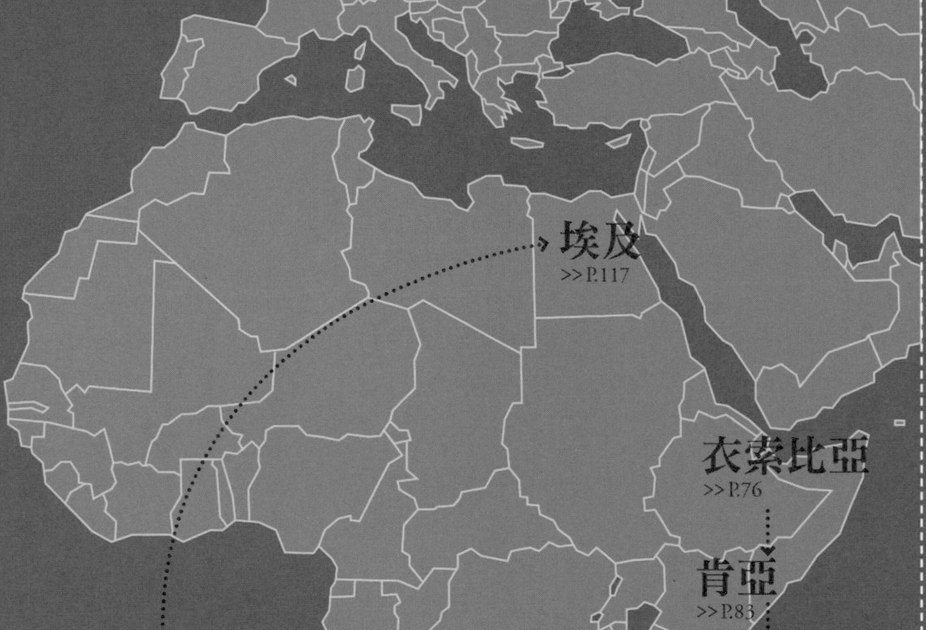

非洲

衣索比亞

Federal Democratic Republic of Ethiopia

2003年1月21日▶印度孟買(Bombay)→阿迪斯阿貝巴(Addis Ababa)
1月26日▶阿迪斯阿貝巴(Addis Ababa)→拉利貝拉(Lalibela)
1月30日▶拉利貝拉(Lalibela)→阿迪斯阿貝巴(Addis Ababa)
1月31日▶阿迪斯阿貝巴(Addis Ababa)→夏夏馬雷(Shashamane)
2月3日▶夏夏馬雷(Shashamane)→阿迪斯阿貝巴(Addis Ababa)

1.搬運家畜糧食的少女們。黑色的肌膚與雪白的牙齒。 **2.**衣索比亞的紀念品色彩艷麗，卻又帶著淡淡的情懷。

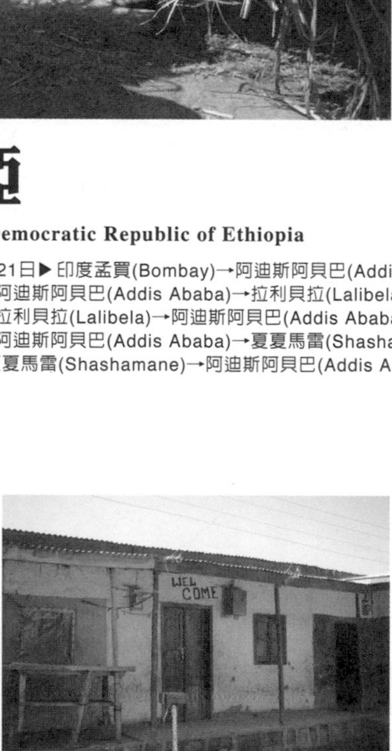

這種配色果然是非洲的風格！

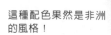

3.黑、黑、黑，到處都是黑人，最初會感到有些震驚。
4.衣索比亞信仰著自成一格的基督教。

5.拉利貝拉(Lalibela)樸素的房子。 **6.**高興沖澡的大哥們。 **7.**這個國家的主食荅麩，是灰色的麵皮，很酸！ **8.**與孩子們比手畫腳著的繪里。

非洲的胸部

by 繪里

決定前往非洲，完全是因爲天氣的緣故。那時友和住院，待在印度的病房裡，從病房的電視看到「世界的天氣預報」，說著明天伊朗德黑蘭的氣溫五度、土耳其伊斯坦堡的氣溫爲零度，看到如此恐怖的數字，似乎只有前往南半球的非洲了？就因爲這麼單純的理由，再加上之前我們就對衣索比亞深感興趣，於是就這樣買了飛到衣索比亞的機票。

但是隨著出發日的逼近，我的心情也愈來愈沉重。雖然我老是對著友和驕傲地吹噓說：「所謂的旅行啊……」可是事實上我卻只到過亞洲地區旅行而已。黑暗的非洲大陸「貧窮、愛滋、暴亂」，我的腦海裡竟立刻聯想到非洲最糟的一面。說眞的，我眞的很想去非洲看看，但眞的要去時，卻又覺得可怕。會不會被殺、能不能活著回來……出發前我實在超害怕的，最後甚至還胃痛。已經旅行了半年也漸漸習慣當個旅行者的友和看著我說：「一定不會有問題的。」然後呆呆地笑了。我們彼此的角色突然互換了。

就這樣我們抵達了衣索比亞的機場，以爲那裡充滿的是貧窮、愛滋病、暴亂……結果卻空無一人，簡直要以爲這個國家的機場才剛啓用。而且最麻煩的是，換錢的地方竟然正在施工中。竟然有這種在機場裡不能換錢的國家啊，眞是令我驚訝。可是，在機場取得簽證卻需要以當地的現金支付，無可奈何之下，我們只好先寄放行李，走出機場。啊！果然是沒人耶，只有一位年老的黑人靠近我們說道：「Change money?」可是卻又說這裡不能換錢，要離開這裡才行。如果我們被帶到偏僻的地方、然後遭到槍擊斃命呢……我的腦海浮現的盡是自己腹部中槍、滿是鮮血，然後倒臥在地上的畫面。

但是，爲了入境衣索比亞，也只好跟隨那位老伯前去了。雙腳顫抖地追在老伯的身後，結果原來他只是要躲在車子後，接著他笑瞇瞇地把錢交給我們。事後想想，好像是被耍的呆子似的，不過當時覺得能活著眞是充滿感激啊。最後我們還是搭乘幫我們換錢的老伯的計程車前往市區。衣索比亞的首都阿迪斯阿貝巴，是個遠比想像中還要完善的都市，那裡既沒有熱帶草原，也沒有長頸鹿或大象，走在街道的行人個個穿著體面，完全與「黑暗大陸」的印象相去甚遠。不過，看看四周，除了我們之外，全都是

黑人，黑色、黑色、黑色……黑色的肌膚顯得白色的眼白更爲耀眼。

抵達目的地後，我們也分不清東南西北，驚恐地飛奔至旅館，但這裡竟是應召旅館。樓下的吧台盡是穿著閃耀豔麗的娼妓，起初還有些驚慌失措，後來發現她們並不只會坐在吧台，還會到街道上四處閒晃。有染著金髮、穿著短到快露出內褲的短裙的年輕黑人女孩，也有頭髮編滿了細細辮子、企圖在黑色肌膚裡塗抹上鮮紅口紅的歐巴桑。儘管她們顯得那麼特殊，但仔細看看她們卻是個個活潑開朗，對於茫茫然而來到此地的東方人，顯得特別親切。有時在吧台或街道上，總會有女人開口問道：「Hello，China? Japan?」我們微笑地說：「Japan。」接著就會聽到：「Welcome to the Ethiopia!」有時那充滿香水的軀體會緊緊抱住我，當黑人特有的大胸部貼緊我臉龐時，的確可以感覺到「啊！這就是非洲啊！」

另一方面，衣索比亞也是世界少數「HIV」(即愛滋病病毒的縮寫)感染發生率最高的國家之一，當然，這也是抵達衣索比亞後才知道的。據說約有百分之三十的衣索比亞人HIV皆呈陽性反應。我們參觀阿迪斯阿貝巴市區的民族博物館時，正好在展覽「Stop AIDS!」的海報展覽，會場張貼著許多倡導防範愛滋的海報，有緊抱的男女被貼上保險套，或是一支針筒畫

上大大的「X」記號。其中，有一幅畫著在黑暗角落的房間裡一位哀愁孤獨娼婦的海報，特別引人注目。也許那些抱緊我的娼妓們，也同樣度過那種不安的每個夜晚吧。

另外，在這個國家旅行時不可遺漏的，就是跳蚤與南京蟲。「好癢啊！」最初住宿的深夜，突然覺得有種劇烈的搔癢感，所以驚醒過來，但即使已經起身了，身體卻還是怪怪的。「完蛋了，被咬了！」記得身上唯一的一本旅遊指南似乎寫著：「在衣索比亞的便宜旅館，得小心南京蟲！」討厭啊，好癢好癢好癢喔！我打開床頭的電燈，肚子周圍已經被咬了四、五個紅腫的膿包。

而後，每次進入旅館時，我就會先噴灑商店買來的殺蟲劑，然後在床單上鋪上兩層錫箔紙，睡覺前再全身噴上防蟲劑，穿著緊身的衛生衣和緊身褲，最後再穿上防水風衣戴上帽子，還穿上襪子。眞是悲哀啊，我在衣索比亞卻得穿得像要登山似的禦寒衣物，然後一邊汗流浹背，一邊戰戰兢兢地準備睡覺。可是，每天被咬的痕跡卻是與日俱增。而睡在同一張床的友和卻完全沒被咬，眞的是很奇怪啊。不過最奇怪的是，爲什麼衣索比亞有這麼多跳蚤跟南京蟲呢？是「骯髒」嗎？但在印度時也不至於會被咬成這

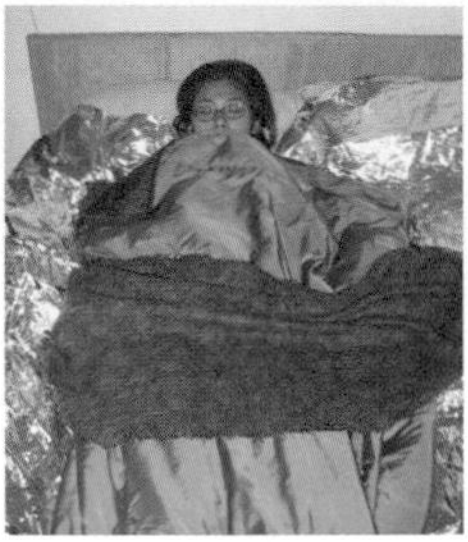

樣啊！

不過，在衣索比亞度過十天以後，我即使被跳蚤咬了，也變得毫不以爲意了。再看見黑人也不會害怕，碰見娼婦的歐巴桑也能自然地打招呼，更習慣那大胸部的擁抱。原本以爲非洲就是被殺或死亡的恐怖印象，原來在這裡也住著一般的人們，大家也過著普通的日常生活，而這些都是再自然不過的事情，直到來到非洲後我才開始懂得。

肯亞

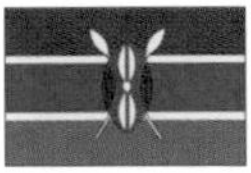

Republic of Kenya

2003年2月4日▶
阿迪斯阿貝巴(Addis Ababa)
→奈洛比(Nairobi)
2月10日▶
奈洛比(Nairobi)→
叢林探險—馬賽馬拉
(Masai Mara)&
納庫魯湖(Lake Nakuru)

1.肯亞有很多調皮的小孩。 **2.**在叢林探險時看到的水牛。 **3.**主食是玉米粉做成的糊狀食物，習慣後還蠻好吃的。 **4.**果然是非洲，景色壯麗！

啊，好恐怖喔！

by 友和

從衣索比亞搭乘飛機前往肯亞，接下來開始就要展開眞正的橫越非洲之旅了。我們預計由內陸的肯亞依序南下，再到坦尙尼亞、尙比亞、辛巴威、波札那、納米比亞，最後抵達南非。感覺好像是要去進行一項偉大的冒險似地，事實上我也是最近才終於弄懂了非洲各國的名字，而且甚至直到現在還搞不清楚哪個國家位在哪裡、又與那個國家相鄰。對日本人來說，非洲根本是個完全陌生的國家。在所有的非洲國家裡，肯亞應該是日本人比較常聽說的國家吧，大家不僅知道周遊SAVANNA大地的叢林探險，可能還知道馬賽族的存在。不管怎麼樣，我們對於非洲的印象，應該是比較接近肯亞吧。

抵達肯亞首都奈洛比的機場，我們依照旅遊指南打電話預約了有星級以上的飯店。這次不再像過去邊走邊尋找投宿的旅館，因爲據說奈洛比的治安相當混亂。由於鄰國內亂等問題導致大量武器流入肯亞，街頭相繼出現遭武器搶奪的被害者。再加上貧富差距甚大，尤其是黑人多屬於低收入者，幾乎都住在下城而形成了無法治地帶。像我們這樣瘦弱的東方人若背

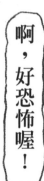

著行囊在這樣的地區尋找住宿，簡直就像鴨與蔥的絕妙組合——分明是送上門的獵物。某本旅遊指南甚至也寫道：「奈洛比街頭危險，行走在路上避免掉以輕心。」雖然有些誇大其詞的感覺，但似乎說明了治安的敗壞。

幾次在街上晃晃後，終於明白這裡的確不是所謂的安全街道。首先，最令人吃驚的是所有商店門口皆設有鐵門，旁邊又站著一位貌似警衛的男子持來福步槍待命。「哇啊，眞是不得了啊，這個地方！」說著，繪里也露出嚴肅的表情表示贊同。某次走在街上，看見街角有幾個未滿十歲的少年，他們口含著保特瓶。實在看不清楚他們在做什麼，繪里小聲地說道：「他們在吸強力膠啦～」我頓時說不出話來。再仔細看看，他們正以兇惡的眼光看著我們呢。忽然有種可悲的感覺，對於眼前所目睹的一切感到痛心，但卻什麼也無能爲力啊。

走在奈洛比街道的，有百分之九十九都是黑人，幾乎看不見白種人。詢問後才知道，白種人因為屬於富裕階級，所以都住在郊外的高級住宅區。儘管人種的差別待遇已經消失，但以這裡劃分居住地區的情況看來，種族差別依舊存在著；而且在街道上，幾乎找不到像我們這樣的自助旅行者。肯亞算是非洲屬一屬二的觀光大國，不可能沒有外國人到此旅行啊，想必大家是害怕治安不好，所以都以計程車代步了。我又想起了旅遊指南的那句話：「避免在路上行走。」所以過於謹慎的狀況下，自然而然地走在街上時就不由得愈走愈快，有時還擔心會不會有人跟蹤在後面，所以不時回頭張望。現在回想起來，那個模樣還眞有些奇怪，倒不如抬頭挺胸地往前走去，或許會更好些吧。但那個時候，眞的是害怕到了極點，老實說根本沒有多餘的精力了。有時愈想愈害怕，反而所有的東西都覺得恐怖了。每次我們外出，就好像要赴戰場似的心驚膽跳，好不容易平安回到旅館，才能終於放下心來。

不過，確實有許多旅遊者遭到搶劫。我們停留的期間，聽說有日本人在文具店買東西時，遭到持槍男子的襲擊。可是在文具店實在有點……但強行搶奪者畢竟就是強盜啊。我們曾經與一位住在奈洛比的日本女生聊天，她惶恐地說道：「前些日子，在那邊轉角處發生過槍戰……」某日我們向

旅館小姐詢問：「可不可以告訴我們換錢的地方呢？」她卻說：「只有你們兩個去太危險了，我跟著你們一起去吧。」雖然覺得她有些大驚小怪，但也不忍拒絕她的好意，只好跟著她去換錢。途中，經過從一條大路岔開的小路時，突然變得人煙稀少，路上來往的行人直盯著我們看。心想：「的確，若只有我們兩人的話，恐怕事情就不會這麼簡單了……」

白天時還好，入夜後，甚至連當地的黑人都不願意走到街上。當然，我們夜裡也不敢外出，從旅館的陽台往下看，那裡就是鬼城似的。由於不能外出，有時就會提早解決晚餐，或是預先購買食材，在旅館的廚房下廚。原本在非洲提供外食的地方就很少，縱使有的話也是高級餐廳或速食店而已。不過，若是到超級市場去，從蔬菜到肉類都一應俱全，自己下廚反而更好吃且經濟實惠。所以從那個時候開始，我們經常自己動手做飯，不過對於料理我是一竅不通。繪里過去也不太常下廚，但自從試著做做看後，竟意外發現她還蠻有天份的，她的手藝也漸漸進步。「只要能吃到好吃的飯菜，不管在哪裡都能生活下去啊！」我稱讚著繪里的廚藝，她也洋洋得意地說道：「沒想到我眞的會做菜耶！」

最後，我們竟然在奈洛比待了兩個禮拜。起初覺得「好恐怖喔！趕快轉移到下一個地方吧！」漸漸習慣後反而覺得愈住愈舒服，眞是不可思議！

我們以奈洛比爲據點，分別去了叢林探險，或是到郊外高級住宅區的購物中心買東西，儘管戰戰兢兢的，最後還是充分享受到非洲生活。幸運的是，不僅沒有遇到可怕的事情，甚至在最後還感受到所謂的「居住」更甚過「旅行」。所謂「地以久居爲安」，果眞是沒有錯。

Column 肯亞

SAVANNA大地就是會塞車

友和

提到非洲，多數人最先聯想到的，就是廣大的SAVANNA大地，然後是獅子、長頸鹿等野生動物吧。事實上，許多造訪非洲的觀光客，也是爲此而來的。在肯亞或坦尚尼亞，經常有所謂的「乘車環遊SAVANNA大地國家公園的叢林探險旅行團」，當然，我們也參加了。

五天四夜的探險，究竟可以看到多少動物呢？出發之前，我們還興致勃勃地說：「至少應該可以看到許多動物吧！」但事實上所謂的叢林探險只要不是最糟的情況，根本不可能看不到任何動物。有時五天四夜，最後甚至都已經看煩了，即使斑馬或羚羊等出沒頻繁度高的動物出現時，也懶得再看下去了(當然，最初看到斑馬時，的確是相當感動。)

在叢林探險之旅中，最熱門的動物當然是獅子。不愧是萬獸之王啊，不管怎麼看獅子，每次總是心驚膽跳的。不過獅子實在太受歡迎了，只要是有獅子出沒的地方，就會擠滿叢林探險的團體，因而經常發生狀況。只要發現聚集著大批行進中的車子，不用說那裡大概就有獅子。縱使讓人方便找尋獅子的蹤跡，但卻也讓廣大的SAVANNA大地出現了塞車的情況，讓人實在一直想說：「怎麼會這樣啊……」

馬賽族

1.以輕快的步伐出來迎接觀光客的馬賽族。 **2**、**3.**珠珠飾品與紅色的布巾是馬賽族基本的行頭。**4.**我們去到了真正的馬賽族市集。

Column
肯亞

紅色的戰士，你也是嗎！

繪里

馬賽族，是居住在肯亞至坦尚尼亞之間的土著民族。日本的電視廣告等常常會出現他們的身影，許多人聽到所謂的「原始非洲人」，就會立刻聯想到馬賽族。他們在黝黑的肌膚上裹著紅布巾，超長的耳垂吊滿了原色的飾品。以爲「馬賽族」住在熱帶雨林的內陸地帶，事實上只要到稍微鄉下的地方就可以看見他們，即使不想看見也會看見。

馬賽族，在世界各種民族之中也都是出類拔萃的。他們身穿紅色布巾是爲了避開猛獸的襲擊，象徵著火焰，與猛獸面對面時的勇猛，也讓他們被稱爲「紅色的戰士」。另外，他們也把擊敗獅子的爪子佩戴在身上做爲裝飾，是成爲眞正男子漢的證明；還有住在用牛糞蓋成的房屋裡；平均視力爲七點〇左右等等，這些都是提到關於馬賽族的逸事時不可不說的。

儘管如此，馬賽族也跟上了現代化的潮流。在高樓大廈林立的奈洛比，可以看見馬賽族混在穿著西裝的人群中一起上下班，許多馬賽族人甚至手戴電子錶。我們住宿的旅館門前，看守的就是馬賽族的青年。他入夜後總是興高采烈地看著電視，有時還會很認眞地看著麥可傑克遜的專訪節目。對麥可傑克遜感興趣的馬賽族很不得了，還是讓馬賽族感到興趣的麥可傑克遜更了不得呢？雖然我們沒有資格提及關於馬賽族的種種，但是看到此景時，就不由地想說：「馬賽族啊，你也是嗎？」

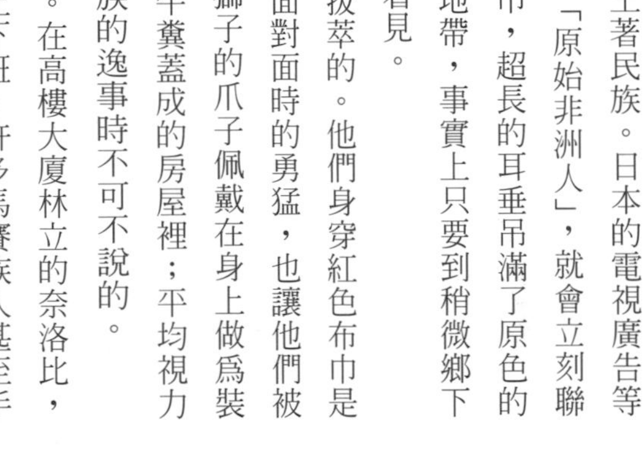

坦尚尼亞

United Republic of Tanzania

2003年2月21日▶
奈洛比(Nairobi)→阿魯夏(Arusha)
2月23日▶
阿魯夏(Arusha)→莫希(Moshi)
2月24日▶
莫希(Moshi)→
達雷斯莎拉姆(Dar es Salaam)
2月26日▶
達雷斯莎拉姆(Dar es Salaam)→
桑給巴爾島(Zanzibar)
3月5日▶
桑給巴爾島(Zanzibar)→
達雷斯莎拉姆(Dar es Salaam)

1.桑給巴爾島的岩石城，猶如迷宮般。 **2.**漆畫，描繪傳統圖騰的人們。 **3.**宛如要被吸入般的碧藍海洋。攝於桑給巴爾島。

4.帆船至今仍是普遍使用的船隻，真想揚帆出發。 5.熱鬧的達雷斯莎拉姆的魚市場。

第一次的海洋世界

我們由坦尚尼亞首都達雷斯莎拉姆，來到搭船約需兩個小時左右距離的桑給巴爾島。碧藍的海洋、白淨的沙灘，還有蔓延的蔚藍天空，以及盛開的九重葛，那樣的得天獨厚。由於尚未開發成為觀光勝地，所以觀光客非常少，是不可多得的度假勝地。感覺就像我們獨占了這個美麗的海洋，充分享受了奢侈的氣氛……

友和的海

有些突然，不過我想告白，那就是「我是個旱鴨子啊」。事到如今……應該也無所謂了，但對於不會游泳這件事，其實還是有著某種心結，甚至還覺得有些丟臉。繪里常不以爲意地與旁人提起這個話題，當出現「海」、「游泳」這些字眼時，我就會以眼神示意繪里不要再說

繪里的海

這個世界上有不會游泳的人，這是必然的。但是，當自己的丈夫突然坦言說「其實我不會游泳……」時，眞是太驚訝了，我瞪大眼睛後突然爆笑出來。旅行至今，友和與我之間縱使也出現了不少驚嘆號，但沒想到這次卻是不會游泳這樣的事情！回想起來，過去我們到海邊

下去了。儘管如此，我卻蠻喜歡海的，不會游泳待在游泳池邊會覺得無趣，但海卻不同。可以在海邊散步，可以躺在沙灘上，可以搖著吊床聽著海浪聲……光是那樣，就會令我非常快樂了。

滯留在桑給巴爾島期間，我雖不會游泳卻充分享受了海濱度假勝地的樂趣。不過某天繪里說出驚人之語：「我們一起去參加潛水吧！」不會游泳的我當然是奮力抵抗。我曖昧地回覆說害怕溺水，繪里則自信滿滿地說不會游泳也沒關係。的確，聽說不會游泳也能潛水。「眞的沒問題嗎？」「沒問題！沒問題！我會保護你的。」怎麼好像男女角色對調了。最後被她說動，終於參加潛水了。潛水的前一天，爲了愼重起見還是去練習了游泳，但還是沒有任何進展，這樣眞的沒問題嗎……？

時，友和的確只會在海邊玩耍而已。不過，畢竟我們彼此是截然不同的類型，基本上，我把海當成朋友，在可以游泳的地方不游泳，根本就是一種損失。

最初，對於友和是旱鴨子這件事，我總是覺得好玩，但來到桑給巴爾島後就不敢再笑了。因爲這裡有美麗的珊瑚礁，必須乘坐小船前去才行，而且由於觀光客稀少，只要報名參加，不必湊齊人數即可成行。若友和不參加，我一個人負擔船資就會變得昂貴……。想了好久，我決定強迫友和一起參加。

那晚，耗費很長的時間去說服友和：「那裡是少有的美麗海洋，珊瑚礁絕對很美，就像水族館那樣廣闊無際喔！」、「也就是說，你打算這輩子都不想看到海底世界的絕景嗎？就那樣終其一生，不是太可惜了嗎？」、「去過之

無窮無盡的白色沙灘，即使只是坐著發呆，也好快樂，當然，我從沒有下水過……

潛水當天，來到海邊時，已經有一艘小船等著我們，隨行的只有船夫與導遊兩人，也沒有其他參加的人員。於是我們四人搭乘那艘小船，出發前去海流匯流的珊瑚礁處。隨著遠離海邊，海浪也逐漸變強，小船劇烈的搖晃讓我簡直要暈船了。「好難過啊……」與難受得不知如是好的我相較起來，繪里根本是一派的自若。我寧願在遊樂場坐雲霄飛車，可能還會舒服些吧。

隨著逐漸遠離陸地，繪里也愈來愈關心我

後，我保證你一定會很感激地說：『世界竟然還有這麼美的地方』啊！」我不斷地勸說著。最後友和終於被我的三寸不爛之舌給打敗了，「那麼就去看看吧！」哇啊，萬歲！

翌日，我與友和在珊瑚礁沿岸練習游泳，總之，只要戴上潛水設備就能浮起來的話，應該就可以看見海底的美麗世界了，眞是太簡單了啊！儘管如此，事實卻不是那麼容易啊。

「咕嚕咕嚕！」友和緊張地站了起來。「戴上這個，根本不能呼吸啊！」唉呀，問題應該不是出自潛水設備吧……。戴上潛水設備的友和，只是單純爲了浮起來，就耗費了不少工夫。「先浮上來看看！」「咕嚕咕嚕，我要沉下去了！」我以爲就連小嬰孩都能在海裡浮起來啊，但似乎並不是那麼一回事。於是堅信不可能學不會的我，以及堅信不可能學會的友

第一次的海洋世界

了：「眞的沒問題嗎……」「沒問題！沒問題！」就那樣多次反覆相同的對話後，小船終於抵達目的地。「我先示範給你看喔。」繪里說完後立刻躍入海裡，僅留我一個人待在小船上，坦尙尼亞籍的導遊露出了「你不下去嗎？」的不可思議神情，只好老實告訴他我不會游泳的事實，沒想到卻換來哈哈大笑。

好不容易繪里回到船上了。「好美啊！眞的好漂亮喔！」她興奮地描述著海底的模樣。「魚很多嗎？」「好多好多啊！友和你也來嘛！」「眞的要去嗎……不去不行嗎？」「什麼，你都已經到這裡來了！一定要去，不然會後悔的！」「嗯……」爲了保護男性尊嚴，看來只好去了。戴上潛水用具，驚惶地下水……什麼，腳竟然踩不到底！我瞬間陷入慌亂的狀態，因爲對於不會游泳的人來說，腳無法構到

和，我們兩人之間漸漸陷入險惡的暗流氣氛中。最後，兩人都累極了，「明天眞的沒有問題嗎？」心中眞是充滿了不安啊。

那晚，我們懷著不安的情緒去到附近的餐廳用餐，結果遇見了同旅館的瑞士夫婦。由於是觀光客稀少的海灘，所以大家彼此都照過面。於是我們就同桌坐在一起，彼此相互寒喧問候。就在那個時候，那位太太突然想起什麼似的問道：「對了，早上你們是不是在練習游泳？」

友和聽到時，發現自己的祕密竟被揭穿了，不禁點頭苦笑著。結果，那位太太又說出了令人意外的事：「事實上，我在瑞士是游泳教練。」「！！！」也就是說，我們竟然在游泳教練的面前練習游泳……。不過她果然是老師，她告訴我們：「明天是不是要去潛水？總

地面無疑是最不安的事。繪里在船上給我建議：「不然，你先抓住梯子好了！」依照她的指示，我兩手緊緊抓住了梯子，直到確定安全後，才將臉孔放進水裡。

但那時我卻忘了戴上面罩，不由得閉上了眼睛，當然什麼也看不見。最後我鼓起勇氣睜開了眼睛，結果，眞是太驚人了。盡是奇形怪狀的珊瑚礁，還有黃色或橘色等色彩鮮豔的魚兒悠游其中。再加上海水近似透明，甚至可以看到最深處。有生以來第一次看到海底的世界。那裡就像是魚兒的王國。因爲太美麗了，不禁都忘了自己不會游泳這件事。會游泳還是不會游泳，似乎已經不再重要，當時的我只想再多看幾眼眼前的光景，如此而已。

之後，也不知道在海底待了多久的時間……充分體驗潛水後，我們就在小船上吃午餐。雖

之，下水後全身要放鬆喔！」那位太太開始耳提面命：「還有妳，」「是！」我好像也變成學生似的，「他浮潛時，妳一定也要待在他身旁，畢竟能一起浮潛是最棒的事了。」原來如此，身爲老師，果然句句箴言，想起白天時我對友和說了那麼多，卻始終無法教會他。

她的建議，猶如是突然出現的曙光。托她的教導，隔天我們精神奕奕地準備坐船出發。目的地比想像中的還要遙遠，而且海浪讓船搖晃得厲害。友和臉色發青不安地說道：「這艘船，眞的沒有問題吧？會不會翻船？」我說應該沒有問題吧，那位黑人船夫儘管聽不懂我們在說什麼，卻樂得哈哈大笑。儘管生活在大海的男人皮膚都是黝黑的，但海邊的黑人顯得更黑了，黑亮的肌膚襯著碧海藍天，顯得那麼樣的協調。

然是不甜的芒果，但怎麼也覺得好吃。對著心滿意足的我，繪里故意挖苦我說：「怎麼樣？果然很好玩吧？」雖然我心裡簡直要高呼萬歲般歡欣鼓舞，卻也不甘心就那樣輕易被她說中了，只好逞強地說：「嗯嗯！還可以啦……」

最後，潛水作戰大成功。友和雖不是很熟練，仍緊緊抓住小船，不過終究欣賞到多采多姿的海底世界。非洲的海洋，就像海龍宮般漂亮。「海底原來是這副模樣啊……」看著興高采烈的友和，我知道自己的計畫成功了，不禁竊笑著。

水底散步後，果然大滿足，冰冷的身體沐浴在暖暖的陽光底下，好舒服喔，而且友和也同行浮潛，真是太好了！

辛巴威

Republic of Zimbabwe

2003年3月13日▶
維多利亞瀑布(Victoria Falls)→布拉瓦約(Bulawayo)
3月14日▶
布拉瓦約(Bulawayo)→哈拉雷(Harare)
4月1日▶
哈拉雷(Harare)→馬辛哥(Masvingo)
4月2日▶
馬辛哥(Masvingo)→哈拉雷(Harare)
4月9日▶
哈拉雷(Harare)→維多利亞瀑布(Victoria Falls)

1.黑色肌膚閃耀的活動會場。 **2.** 調皮搗蛋、朝著相機奔跑的孩子們。

3.非洲最大的遺跡大辛巴威，不過意外地，很平凡。4.穆巴雷(Mbale)的市場就像平民的廚房般。5.世界三大瀑布之一的維多利亞瀑布。6.猢猻木是非洲特有的樹。

音樂之都

by 繪里

位在非洲正中央略微右下方的辛巴威，其實是個非常不得了的國家。整個國家的經濟已經徹底崩壞，所謂金錢的價值已經完全紊亂，匯率極度不穩定，昨天超市賣一百日圓的東西，今天可能就變成了一百二十日圓。到處都是針對外國人的黑市貨幣交易，最初想換個一百元美金，卻換來了成山成堆的鈔票，當時因爲沒有帶袋子，所以只好裝在超市的塑膠袋裡。「無論是一疊鈔票或是一張一百元的美金，仔細想想都是相等價值啊，不過突然擁有這麼多鈔票，感覺好像變得有錢了。」友和說道。的確，我覺得自己眞的變成有錢人了。而且這個國家缺乏外幣，再加上輸入品的石油已經完全用盡，不僅是首都，全國各地的加油站都不知道何時才能正常供油，所以排滿了無人駕駛的汽車，瀰漫著濃濃的詭異氣氛。總之，在辛巴威可以親眼見到經濟崩壞的景象。

儘管對當地人的辛苦感到難過，但對像我們這樣貧窮的旅行者而言，卻是求之不得啊，不僅物價便宜，同時我們在首都哈拉雷也沒有所謂的觀光旅行，反而每天都過得很悠閒。某天，我們在報紙看到了一個令人興奮的

消息，原來奧力佛•瑪圖庫茲(Oliver Mtukudzi)要舉辦演唱會了。提到奧力佛•瑪圖庫茲，可說是世界音樂界的第一人，也是非洲音樂界屬一屬二的人物。而且托經濟瓦解之福，他的演唱會門票竟只需要三百日圓！原本就喜歡音樂的我們，當然非去不可！匆匆忙忙即刻趕到位於郊區的演唱會會場。

雖然傳單寫著九點入場，但我們抵達時卻沒有任何一位觀眾，只有寥寥幾位工作人員在搭設舞台。果然是非洲的作風。詢問工作人員，才知道演唱會要十二點過後才開始。因爲開始下起雨，於是我們只好先返回旅館。覺得有些生氣，兩人在旅館討論著到底還要再去嗎，可是難得碰上了歐利巴的演唱會，當然還是要去欣賞了！所以，我們在十二點過後又搭計程車趕去了。

這個決定果然沒有錯。會場已經與剛才截然不同了，都是人、人、人，有將近一千人左右吧，而且百分之九十九都是黑人，東方臉孔的只有我們而已。歐利巴出現時，全場的觀眾都發出歡呼聲，瞬間我起了感動的雞皮疙瘩。那場演唱會，終於讓我們體驗到黑種人難以預測的爆發力，以及從那裡醞釀出的震撼人心之節奏。之後整個會場就像夢境般，舞動的黑色肌膚，低落而下的汗珠，跳躍、跳躍、再跳躍。在會場中央唱歌的就是像太

陽般耀眼的歐利巴啊。聽說人死的時候，過去的人生會像走馬燈一樣倒轉，而現在的我恐怕就快死去了吧，才會出現眼前的這般場景。那場演唱會是震撼人心的現場演唱。能來這裡旅行眞是來對了，雖然非洲還是有些可怕……。現場演唱結束後，我們返回旅館，我一個人興奮得睡不著，直到現在還記得那個難以入眠的夜晚。

受到歐利巴演唱會的衝擊，之後我們又在哈拉雷看了許多場演唱會，有些令人激賞，當然也有令人失望的。非洲人會譏笑節奏感差勁的演奏，也會沉醉在絕妙的黑人節奏裡……。繼歐利巴強烈的震撼之後，我們又在假日的市內大公園裡舉辦的戶外慶典再次感受到強烈的感動。那個慶典的門票僅需不到一百日圓的價錢，實在很便宜。由於是假日的中午，來到會場的多半是攜家帶眷的，不，應該是說小孩居多吧。非洲人到現在還是多產的，一個家庭平均總有七、八個小孩。有些母親甚至把所有的孩子都帶來了。有些母親用毛巾裹著嬰孩背在背上(不知道爲什麼在辛巴威這是很普遍的情況)，有的兩手還抱著孩子，然後一邊搖晃著屁股跳舞，這就是非洲啊。那堅強的模樣，看了就讓人好快樂啊。小孩們雖然還小，但個個也高興地跳著舞，而且跳舞的模樣特別可愛，眞想誘騙帶回家。友和也同意我的意見，覺得若能生出個黑人小孩眞的很可愛，不過再仔細想想，若眞

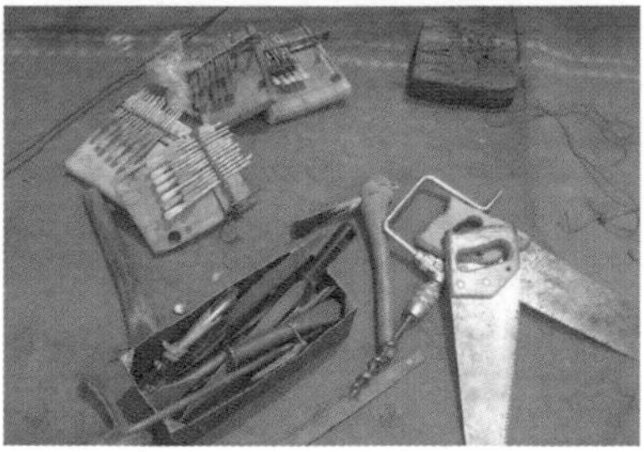

是如此不是挺可怕的嗎！

說到辛巴威，又想到了我們自從旅行以來，第一次在這裡買了樂器。既會成爲旅行的負擔，也沒有時間練習啊……最初抱著這樣的想法，所以始終不敢去買樂器，但拜訪住在旅館裡賣樂器的大叔後，終於決定購買了。那是名叫「姆比拉」(Mbira)的樂器，手指可以在鐵製的小鍵盤上彈奏，又稱爲「拇指鋼琴」。彈奏出的音樂像是音樂盒般羅曼蒂克，而且又不大。受到這些因素的吸引，我們去到了鋼琴製造工廠，認眞地挑選了姆比拉。在那廣大的非洲大地上突然冒出的工廠裡，和善的黑人大哥正在手工製造著樂器，果然是非洲的樂器店啊！

不知不覺間，我們竟在辛巴威停留了近一個月的時間，也創新了我們滯留某個都市的時間紀錄。儘管對這個新記錄滿心得意，但還是不得不繼續旅行，於是就此告別了哈拉雷。當然心中是藏著許多回憶的。辛巴威是個音樂大國，在哈拉雷也親身體驗了許多音樂會的震撼。每當想起哈拉雷的種種，仿佛還可以聽見只有非洲才有的那種旋律。

Column

非洲

在非洲喝咖啡

友和

我非常喜歡喝咖啡。在日本時，每天早起後就是先喝一杯咖啡。旅行時也喝了世界各地的咖啡，但非洲的咖啡卻意外地最令人懷念。

提到非洲的咖啡，不可遺漏的就是衣索比亞。在過去，衣索比亞曾短暫受到義大利的統治，也是從那個時候傳入了來自義大利正統的咖啡文化。在首都阿迪斯阿貝巴，再小型的咖啡館都備有義大利濃縮咖啡的機器。在貧窮的衣索比亞初見到如此豪華的機器時，坦白說真有些驚訝。在這裡又以添加牛奶的咖啡最受歡迎，我們每天至少都會喝上一杯，而且一杯不到五十日圓。我們在這裡享受到與義大利同等級的咖啡，簡直要高呼衣索比亞萬歲了！(不過，米飯就很難吃了……)

另外，在坦尚尼亞，有幸喝到了足以改變我的咖啡觀的好喝咖啡，那就是有名的「吉力馬札羅」(Kilimanjaro)。吉力馬札羅其實是山的名字，在山麓的城鎮有個巨大的咖啡園，觀光客還可以到那裡去參觀。我們也去參觀了，而且還品嘗了剛採收下來的咖啡，那口感與濃郁的味道令人印象深刻，並讓人記得咖啡是來自於植物，不禁要高呼：「真是新鮮啊！」終於懂得自己過去或未來再也不可能遇見那麼棒的咖啡了。

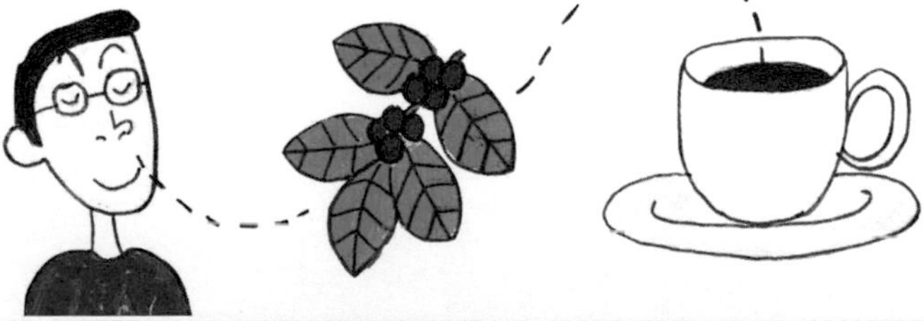

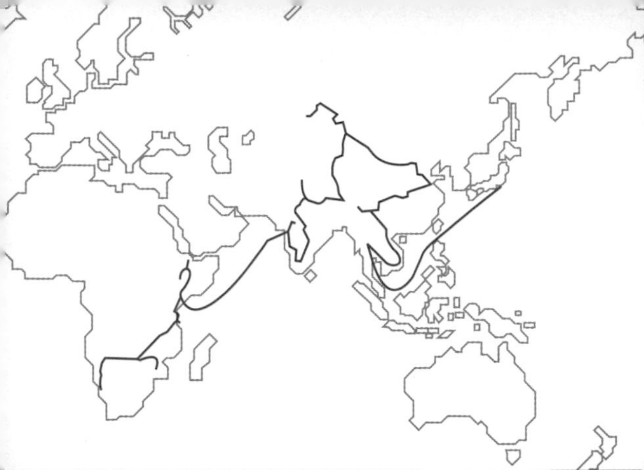

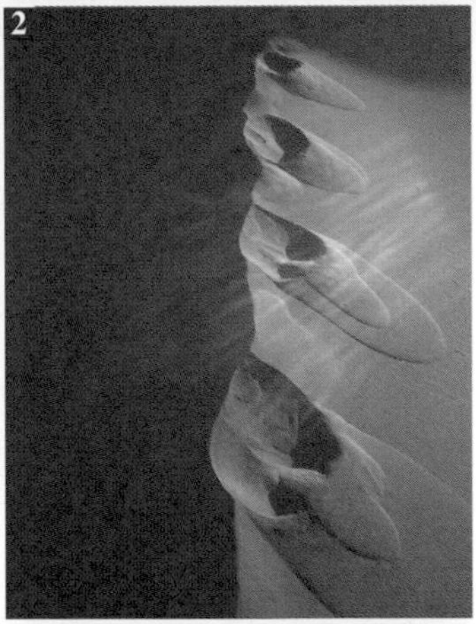

納米比亞

Republic of Namibia

2003年4月13日▶
維多利亞瀑布(Victoria Falls)→
溫得和克(Windhoek)
4月16日▶
溫得和克(Windhoek)→
索蘇維來(Sossusvlei)

1.一邊綻放著神祕光輝，一邊沉入沙漠的夕陽。**2.**納米比沙漠(Namib Dessert)是稀有的紅色沙漠。**3.**穿著維多利亞時代服裝的遊牧民族赫雷羅族。**4.**站在通往無盡遠方道路上的繪里。

僅是七十元美金……

by 繪里

在日本，七十元美金(約八千日圓)也許不是什麼大不了的金額。但是，在我們滯留將近一個月的辛巴威，七十元美金卻是不得了的財富。畢竟辛巴威是世界物價最便宜的國家之一，一瓶可樂只要花費十日圓就可買得到。這麼說起來，七十元美金就可以買到八百瓶的可樂了。因此，當我們聽到從辛巴威到鄰國納米比亞的長途巴士車票竟需要七十元美金時，簡直不敢相信。我們不斷向賣票的小姐確認：「眞的是七十嗎？七十嗎？」結果對方露出了嫌惡的表情，最後只好在紙上寫著斗大的七十，我們當時的確就是那麼糾纏不清。

出發當天，在巴士站出現的巴士，外觀的確很漂亮，車子裡面也很乾淨，簡直讓人就要忘記這裡是非洲了，果然僅需要七十元美金啊。不過，很可惜的是車內服務員態度很惡劣。就像搭乘飛機一樣，車子裡也有兩位穿著制服的傲氣白人男服務員，以及一位貴氣的黑人服務員，不過這三個人盡是瞧不起人的態度。不僅不願服務乘客，對於行李的排放也頗不以爲然，不停地指使乘客這裡不要放置行李，或是要乘客把窗簾關上，總之嘮

叨得很。從這裡抵達目的地還需要二十個小時的時間，而我們現在卻早已疲憊不堪了。

出發數分鐘後，我對著友和竊竊私語，說著待會車掌該不會拿起麥克風說各位先生小姐們，沒想到不久之後，剛才那幾位驕傲的服務員即拿起麥克風說道：「各位先生小姐！」我們兩人不禁爆笑，那群服務員怒視著我們，但我們卻故意裝作若無其事的樣子。看來這趟旅行已經讓我們學會了厚顏薄恥。

巴士行駛不久後，我就陷入昏睡中。習慣非洲的巴士之旅後，其實是蠻無聊的。雖然有時會看見大象或羚羊等漫步著，讓人果然有種到了非洲的感覺，不過接下來就是叢林、叢林、叢林，綿延不絕的單調風景。以爲橫斷非洲大陸是什麼偉大的壯舉，其實我們就坐在車上吃著零食，然後直嚷著好無聊喔。

就在那個時候，突然傳出了驚人的爆破聲，隨著爆破聲，原本以時速一百公里行駛的巴士突然失去平衡，開始左右搖晃，車內也同時發出了慘叫聲。我也冒出了冷汗，再看看友和倉皇死命地抓住毛毯。啊，究竟發生什麼事了！瞬間，原本左右搖擺不定的巴士終於保持了平衡，減速地駛向路肩停了下來。「終於得救了……」從車窗往外看，巴士的側邊迅速地滾出

了一個巨大的黑色物體，咦……是輪胎啊！原來巴士的輪胎掉了啊！

車子停在路肩後，車內也恢復了冷靜，我與友和對於剛才的騷動，突然覺得好笑。旅行以來老是發生巴士或車子拋錨的事件，但沒想到這次搭乘的巴士竟連輪胎都跑掉了……。「七十元美金，換來的是輪胎滾落！」「對呀！對呀！」我們七嘴八舌地抱怨著。

巴士停住後，最大的挑戰就是尋找輪胎。從時速一百公里的巴士滾落下的輪胎也以時速一百公里的速度往前衝刺，乘客們紛紛尋找掉落的輪胎，就這樣耗費了三十分鐘，終於一位乘客在遠方的叢林裡發現了輪胎。服務員們慌亂地走了過去，確認是車子的巨大輪胎後，然後就把輪胎滾了回來。雖然他們一臉嚴肅，卻感覺有點像小學運動會的滾輪胎比賽。

接下來的難關則是修理，那幾位驕傲的服務員似乎對修理一竅不通，他們第一個想到的就是取出筆記型電腦，或是試著以手機聯絡，不過這裡是遠離文明都市數十公里、甚至數百公里的非洲大陸，即使手機的電波也難以傳遞，他們氣憤地掛掉了電話或電腦，那副模樣一點都不像非洲人，簡直就像都市裡傲慢的孩子。

由於眼前出現了這樣的麻煩，也讓坐在巴士裡的乘客產生了奇妙的同舟共濟之感。大部分的乘客都是黑人，而且能負擔那樣車資的人，想必也都

是些有錢人吧。一位穿著正式洋裝戴著首飾的黑人歐巴桑認眞地說道：「若是一直停在這裡，恐怕獅子會出現吧……」。非洲的歐巴桑眞的很愛說話，即使今天才認識的人，馬上就能嘰哩咕嚕地說個不停。更令人驚訝的是，即使每個人都住在非洲，但彼此的種族或國籍都不相同，乘客們之間都是以英語交談的。有位歐巴桑耐不住好奇心，終於開口問我們來自哪裡，我們告訴她是日本，她又認眞地問我們：「我第一次看見日本人耶！那麼，日本人與中國人有什麼不同嗎？」最後我們簡直變成了大家目光的焦點，每位乘客都睜大眼睛好奇地看著我們。

而後又花了許多時間修理，結果自從輪胎脫落以來，我們停留在原地已經近四個小時的時間終於巴士又繼續朝納米比亞前進。由於發生狀況，預定用餐的餐廳也過了營業時間，結果大家就那樣不吃不喝近十五個小時才抵達目的地。巴士靠站後，原先的服務員又開始拿起麥克風向大家道歉，但根本沒有人在聽，大家趕緊下車衝到餐廳去。「雖然僅有七十元美金，但實在是糟透了。」我們一邊抱怨著，一邊走下了巴士。

南非

Republic of South Africa

2003年4月18日▶
溫得和克(Windhoek)→開普敦(Cape Town)
4月20日▶
開普敦(Cape Town)→約翰尼斯堡(Johannesburg)

1.發現了「注意企鵝出沒」的標識。 **2.**造訪世界少數的企鵝棲息地。 **3.**宛如歐洲般的開普敦。 **4.**街頭賣畫的景象也很像歐洲。

大胃王選手

by 友和

非洲的旅行終於來到了盡頭，這裡就是非洲大陸最南端的南非。提到南非，不知爲何就令人聯想到南非的種族政策，不過種族政策已經在一九九〇年遭到廢除，現在應該已經沒有所謂的種族差別待遇。但是，過去在盡是黑人國家旅行的我們，來到這裡卻明顯感受到南非是白人的國家。與非洲諸國相較起來，這裡的白人明顯較多，當然黑人也相當的多，但對於旅行者來說，能接觸到的幾乎都是白人而已。街道的景觀也充滿了歐風，非常的漂亮，就物價而言也屬於先進國家的水準。我說南非一點也不像非洲國家，繪里也有同感，覺得這裡就像是歐洲。是啊，的確是那樣啊。非洲的歐洲，那就是南非啊。

尤其是我們停留的開普敦，更帶有濃厚的歐洲風格。其主要街道就像日本的代官山到處都是時髦的服飾店或咖啡館，還有俱樂部等可以充分享受到夜生活。走在路上的人們個個光鮮亮麗，還可以看見街頭藝人展現技藝，簡直就像置身在歐洲。我們在這裡待了十天左右，十天算是漫長的，但每天絕不是悠閒的，而是相當耗費體力的活動。除了觀光之外，我們還

逛街、享受美食或野餐等，眞想要充分玩個盡興，十天的時間顯然是很不夠的啊。

開普敦最大的魅力，就是都會與雄偉的大自然並存。面向大西洋與印度洋交會的廣闊海洋，背後又倚靠著稱之爲「桌山」的巨大山嶺，那座山嶺的山頂是平坦的地形，從遠處看來根本就平台狀。爲了去到開普敦最大的觀光景點桌山，我們想到了一個計畫。

起因是，我們在開普敦的街上發現了一個看板，上面寫著「每週五傍晚六點至十一點壽司吃到飽！」壽司、壽司耶！原來位於海洋交通要點的開普敦港口，經常有來自日本的鮪魚漁船停靠，所以這裡的壽司店也特別多。提到壽司，那個價格的確不是我們能輕易高攀的，而且在非洲竟然還能吃到壽司。「禮拜五，就是明天了，要去嗎？」繪里問道。「當然要去！」我毫不猶豫地回答。於是我們決定第二天就去壽司吃到飽。「既然要吃，就要肚子餓去吃，把這一年沒吃到的份全部補回來！」「既然這樣，那趁著白天就去爬桌山吧，等到去吃壽司時肚子已經餓癟了！」果然是很奸詐的計畫。

從開普敦的市中心搭車來到桌山的山麓，需要二十分鐘左右的時間。山麓到山頂有纜車頻繁運行，但我們爲了餓肚子，所以決定不搭乘纜車，改

以徒步登山的方式。不過來到山腰，我們看到那斜坡就後悔了。「哇啊，看起來好像很累人啊，怎麼辦，還是算了吧？」我說。繪里也面露難色。但儘管如此，爲了吃到好吃的壽司得肚子餓才行啊。因此我們決定搭乘纜車上山，再徒步走下山。所謂的「男人取勝於下山」，繪里不禁笑了，不過我可是拼了命的。

桌山的山頂比想像中還要美麗，受到與水平線相連的大海的圍繞，陸地的輪廓清楚地浮現在海面，令我想起學生時代在函館山上俯視的景色。山頂上有開放空間的餐廳，由於剛好是中午時間，到處都是用餐的觀光客們。當然，那天我們從早就沒有吃任何東西了，看見別人吃得津津有味，口水都快流出來了。我們告訴自己若在這裡用餐就前功盡棄了，總之還是先喝點果汁，午餐還是忍耐不吃了。

看了山上的風景後，終於開始徒步下山了。山路幾乎看不到任何標示，所以老是找不到正確的下山山路。好不容易發現了像是山路的道路，實際走了之後才發現山勢險惡，隨即又開始休息了。不過途中的景色非常美麗，由於走的都是斷崖絕壁，眼前盡是一望無盡開普敦的現代化高樓大廈，愈接近山下就愈靠近都會，也終於有了下山的充實感。

平安下山後，我們愉快去到壽司吃到飽的餐廳。已經過了開始的時間，

我們擔心會不會排了很多人，到了店裡才發現根本沒什麼人，終於可以安心坐下用餐。店內雖也有吧台的座位，但卻沒有人去坐。「吃壽司當然得坐在吧台」，於是我們移坐到吧台的座位。眼前做壽司的竟是女生，而且看似華人，看見來自壽司之源日本的我們時，好像有些緊張的模樣。除了星鰻或海膽等特殊食材沒有之外，其他的種類都相當齊全豐富，而且不只有壽司還有天婦羅。味道也還不差，由於一年沒有吃到壽司了，再加上生魚片都很新鮮，我們吃得相當滿足。

我們就那樣專心一致地吃著壽司，繪里笑瞇瞇地說：「把肚子餓得癟癟再來吃，果然是明智之舉。」我也得意地說：「對呀，我們也許可以去當大胃王的選手了。」結果，我們甚至不得不鬆開腰帶，就那樣吃的沒完沒了。最後連店員都露出了「天啊，那個傢伙還在吃」的表情，完全被我們打敗的模樣。雖然有些貪小便宜，不過那次的壽司大餐卻是我們在非洲美好的回憶啊。

埃及

Arab Republic of Egypt

2003年4月29日▶
約翰尼斯堡(Johannesburg)→開羅(Cairo)
5月2日▶開羅(Cairo)→盧克蘇爾(Luxor)
5月4日▶盧克蘇爾(Luxor)→開羅(Cairo)
5月7日▶開羅(Cairo)→亞歷山卓(Alexandria)
5月9日▶亞歷山卓(Alexandria)→開羅(Cairo)

1.車站裡，排列整齊的跪拜姿勢，因為到了祈禱時間了。 **2.**每個遺跡都是超級龐大的，果然是觀光大國。 **3.**圖坦卡門(Tutankhamen)國王，原來是個美少年啊。 **4.**首都開羅的街道充滿了異國風。 **5.**拉姆西斯一世的陵寢前面。當天的氣溫已經超過了四十度，真是熱啊！

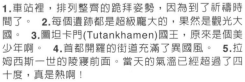

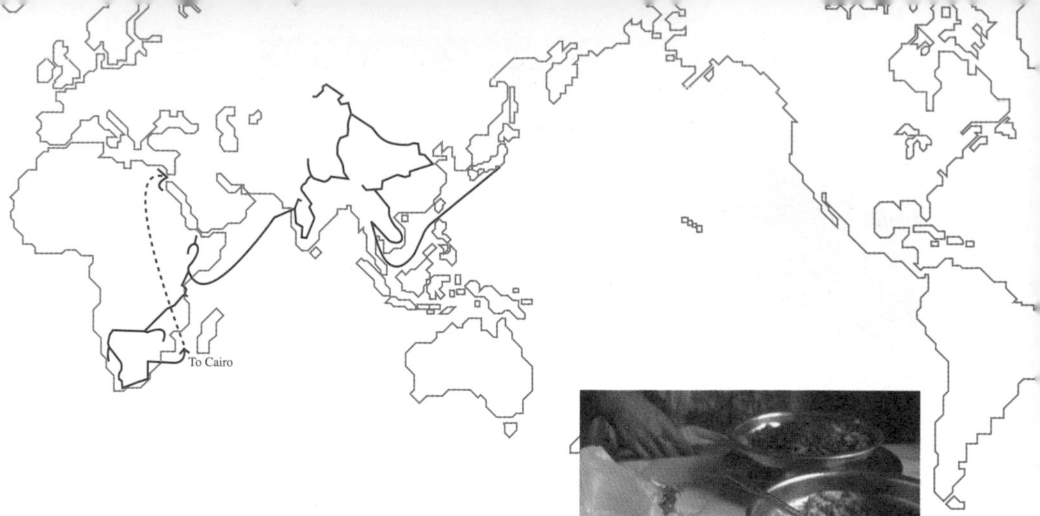

居住在沙漠裡的人們

by 友和

在南非購買了飛往土耳其的機票，由於埃及航空公司的機票也很便宜，所以我們決定中途到埃及看看。果然是個充滿魅力的國家。我們想著來到埃及就是要去看看金字塔，懷著這樣單純的想法就來到了開羅機場。從飛機上往下看，整個埃及幾乎沒有綠地，盡是蔓延的淡褐色沙漠。而且下了

6

7

8

6.有名的Koshari。麵＋米飯＋番茄醬汁的不可思議食物。 **7.**女性多半以頭巾包住頭部。 **8.**好像蚯蚓的阿拉伯文字，裡面的「0」其實是數字5。

飛機，風沙紛飛，根本就是來到了一個沙漠的國度！

到了機場的入境廳，旁邊正好有廁所，我們就進去了。等待時一位怪異的大叔走了過來，將衛生紙交給了我。從那個模樣看來應該是打掃廁所的大叔吧，雖有些不解，但我還是告訴他：「謝謝，只是小便所以不需要衛生紙。」然後將衛生紙還給他。大叔微笑地說：「沒關係，先拿著吧！」無可奈何只好拿來擤鼻涕，然後丟進了廁所的垃圾桶裡。

準備離開廁所時，剛才那位大叔又再度走過來，張開了雙手說請給小費。原來如此，不過一切都太遲了，方才的衛生紙已經丟到垃圾桶了，該怎麼辦呢。大叔也不肯退讓，我只得說沒有錢、沒有錢，然後趁機逃跑。後來遇見了也去上廁所的繪里，我問她廁所裡是不是有怪人，沒想到繪里竟也遇到了，是女廁所裡的衛生紙大嬸。埃及的作風的確令人不敢領教。

來到埃及以前，就聽說埃及人很難應付，尤其是針對外國觀光客做生意的埃及人，由於已經摸清了觀光客的底細，所以總是想盡辦法要撈外國人的錢。擁有悠久歷史的埃及，從西元前就是觀光勝地了，也就是說這裡的人們早已習慣身處在觀光地之中了……。曾聽過很有名的傳說，說是在金字塔前乘坐駱駝時，得支付超過當時講好的價錢，若不願意支付，就不讓乘客下得了駱駝。那種惡劣的行徑，令我想起了印度人，兩個民族不僅容

貌相似，走在街上也會高喊「嗨，日本人！」有時還會對著相機擺姿勢，這些舉止都與印度人相似。自從黑色非洲之旅以來，已經許久未曾感受到此氣氛的我們，突然好像又回到亞洲似的，好像又有一絲絲的興奮。

在埃及時遇見最可疑的，就是在開羅販售絲瓜的大叔。與其說是絲瓜店，其實不過是個攤販罷了，而且就把絲瓜擺在路上，然後自己坐在路邊的椅子上。事實上他不僅販售絲瓜，不過只有知道的人知道，他是專門在開羅招攬日本旅行者的黑市外幣交易所。開羅到處都是黑市外幣交易，走著走著就有人問著：「要換錢嗎？」但不知爲何其中就以絲瓜大叔的換算匯率最高。絲瓜大叔頭圍著頭巾，還蓄著鬍鬚，平常看起來就像普通的埃及大叔，但輪到換錢時突然就變成了冷酷無情的模樣。我們假裝挑選著絲瓜，然後小聲地說「要換錢啊」，大叔立刻默默起身，走到了暗巷裡，我

們也靜靜地跟在後面，走到無人的地方後，終於問道：「你們要換多少錢呢？」「先換一百元美金吧！」然後大叔又默默地從身體某處取出了鈔票。從那個舉動看來似乎已經習以爲常了，由於周遭沉浸在濃厚的「做壞事」的氣氛中，我們不禁有些擔心害怕。不過仔細想想，那麼模樣還眞是可疑啊。單純的絲瓜店其實不需要外幣啊，況且在物價便宜的埃及，一百元美金可說是龐大的金錢啊，能夠當場換出現金，可見大叔的經濟相當富裕啊……也許絲瓜店不過是個避開世人眼光的手段罷了。

住在開羅的旅館時，有位名叫阿赫門多的大哥，每次碰面時都會問我們要去喝茶嗎、今天又要去哪裡、要不要參加旅行團等等，雖然很友善，也不是懷有惡意，但總會希望對方不要糾纏不清。某天，我們決定去欣賞埃及的傳統舞蹈迴旋舞，正在慶幸沒有被阿赫門多逮到問東問西，而在旅館的對面咖啡館裡喝茶時，他又強行與我們坐在一起，嘴裡嚷著他要請客，然後與我們談笑著，不久他的朋友也加入了。他說道：「有件事想拜託你們，我們現在要去DFS(環球免稅店)商店去，你們可以幫我們買酒嗎？當然我會付酒錢的。」我們也聽說阿拉伯國家因爲宗教的理由而禁止飲酒……我用日語問繪里該怎麼辦，繪里也以日語回答說：「唉，這是過去從未發生過的事情啊，老實說眞有些不堪其擾。」我也表示贊同。結果，阿赫

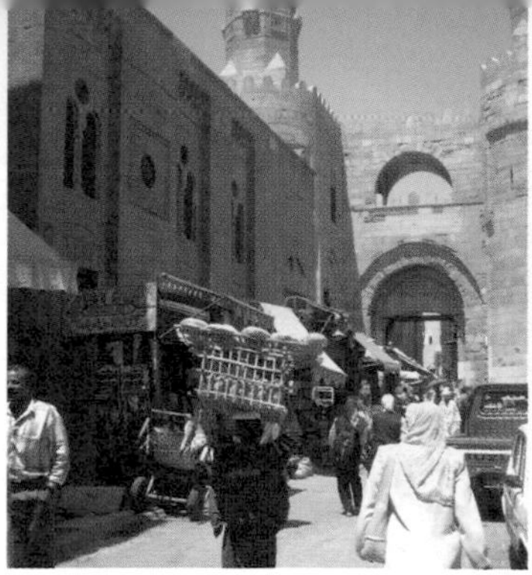

門多看見我們竊竊私語，又接著說道：「在這個國家是不容易買到酒的，但你們外國人卻可以自由購買，你們就當作是在幫助我們吧。」幫助……我們簡直不知該如何回應了，沒想到他還是不肯罷休又說：「我會報答你們的，你們到迴旋舞會場的計程車車資就由我來付吧！」最後我們還是無法拒絕他們的強行要求，心不甘情不願地去爲他們買酒，感覺好像做了壞事般良心受到譴責，但當阿赫門多拿到酒時那副高興的模樣，又不禁讓我們覺得自己到底有沒有做錯事啊。

感覺上，所謂的埃及人多半是奇怪的傢伙，對於埃及的濃厚印象，除了偉大的金字塔之外，其次要算埃及人那種強烈的性格，以及各種的行爲舉止吧。因爲在與他們接觸的過程中，充滿的是麻煩又有趣的種種，縱使不到景點觀光，光看他們就能嘆爲觀止了。沙漠國家的埃及雖然炎熱，但還不及埃及人個性上的熾熱，不過這也僅是屬於我個人強烈的回憶罷了。

歐洲

 ※本書將土耳其列為歐洲。

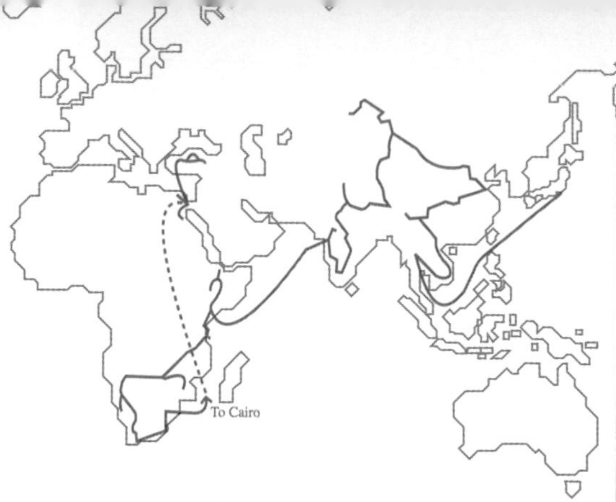

1

2

3

4

土耳其

Republic of Turkey

2003年5月11日▶
埃及開羅(Cairo)→伊斯坦堡(Istanbul)
5月16日▶伊斯坦堡(Istanbul)→
卡帕多其亞(Cappadocia)
5月20日▶卡帕多其亞(Cappadocia)→
蕃紅花城(Safranbolu)
5月22日▶蕃紅花城(Safranbolu)→
伊斯坦堡(Istanbul)

5

6

1.土耳其的沙威瑪果然好吃。 **2.**觀光用的駱駝，站在奇岩前擺姿勢。 **3.**這樣的街景讓人覺得土耳其也是歐洲。 **4.**鄉下的婦女還是會把頭包住。 **5.**像是玩具模型的蕃紅花城。 **6.**這個國家到處都是美少女。

7.盡是奇幻岩石的卡帕多其亞。
8.在小小的小學裡遇見了許多活潑可愛的孩子們。

女孩的生存之道

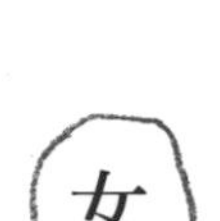

by 繪里

「有宮澤理惠的旅館。」以前就聽說在土耳其蕃紅花城的某家旅館，那裡有個長得很像宮澤理惠的可愛女孩；而且，可不是現在的宮澤理惠喔，是過去出過寫眞集、且紅透半邊天的宮澤理惠。告訴我們的那位自助旅行的大學生說著說著，那副模樣就像心臟要跳出來似的。

蕃紅花城，是位於土耳其中央地帶的城鎭，舊街道裡的古老建築甚至被指定爲世界遺產。雖說如此，事實上舊街道的規模並不大，來自歐美的自助旅行者根本不曾聽過這個地方。但是日本某本旅遊指南卻強力推薦這家旅館，而其他的日本自助旅行者也極力推崇。也許蕃紅花城就是因爲這家旅館的緣故，才會成爲最受日本人歡迎的觀光景點吧。因此俗氣的我們當然也不用說了，也是爲了這家旅館才來到蕃紅花城的。

「你好！」笑容滿面現身的她，果然是個遠比想像中還要漂亮的美少女。在土耳其，這個年齡的女孩多半都很可愛，但又以她顯得特別出色。她有著光滑且看似柔軟雪白的肌膚，再加上繫著伊斯蘭教女性特有的頭巾，簡直就是東方國度的美女。她出現的那一刻，仿佛周遭都洋溢著粉紅

色花瓣般繽紛的可愛空氣。「哇啊，好可愛喔！」就連身爲女生的我都這麼認爲了，更何況是男生。才這麼想時，站在身旁的友和又開始臉紅了。若是以前恐怕我又要生氣了，但這個女孩眞的太可愛了，所以就睜一隻眼閉一隻眼吧。

「土耳其的宮澤理惠」正如其名茉莉般可愛，是個相當聰明的女孩。她能說些英語，也能說些日語，雖然不是說得挺好的，但在溝通上絕對沒問題。而且是靠著自己學習語言的，聽說僅學了兩年的時間，由於平時還要做些旅館內務的工作，所以僅兩年的時間就能從完全不懂到可以對話，實在令人佩服啊。

住宿的第三天，終於與茉莉有單獨談話的機會。「茉莉結婚多久了啊？」她說快要一年了。這麼說來，我們也結婚快滿一年了……。「茉莉，妳是何時結婚的呢？」「六月啊！」「六月的幾日呢？」「……二十三日。」喔！我們是去年六月二十二日結婚的啊！平日老是忘記自己是新婚身分的我，只有在這個時候像是遇見了同伴似的，與茉莉抱在一起異口同聲地說「啊，是喔，怎麼會那麼巧呢！」再仔細詢問後，才知道此地的風俗習慣，原來結婚儀式得耗費兩天的時間，這麼說來，她結婚的第一天就是六月二十二日了，也就是說我們是同一天結婚的。「那麼，接下來我們也同

一天生小孩吧！」我們一邊害羞地說著，一邊牽起對方的手。

談話當日的晚餐過後，茉莉露出神祕的表情對我說道：「可以跟妳說說話嗎……」她向我使了眼色，於是我隨著她爬上了二樓，然後坐在窗邊的沙發上。被如此美麗的女孩指名，實在有些緊張啊。她露出膽怯的神情說道：「可以給我一根香煙嗎？」在嚴格家教下長大的伊斯蘭教淑女怎麼會抽菸呢……真是令人驚訝啊。當然我也不忍拒絕她，於是我們兩個就坐在沙發上開始抽起煙來了。

據茉莉說，她平均一天偷抽一根香煙。雖然丈夫知道她抽菸的事，但她爸爸卻毫不知情。茉莉說：「若讓我爸知道了，他肯定會非常生氣的。」另外，她住在這家旅館的對面，白天幾乎都忙於旅館的工作，既然已經結婚了，就希望擁有普通的家庭生活，但由於住家沒有廚房，所以不得不回到娘家借用廚房做料理。「我都已經結婚了，已經不是那個家的人了，希望能有更多屬於自已的時間，去做自已想做的事。」的確，茉莉是個可愛、腦筋又靈活的女孩，她應該可以勝任任何工作的。「我每天做著旅館的工作，空閒時，幾乎每天都在編織蕾絲。」茉莉從那扇已有近一百五十年歷史的木窗望向窗外，露出了憂鬱的神情說道：「現在的生活實在有些無聊啊……」

突然不知該如何以對。雖然我們都是同一天結婚的，但我卻辭去了工作，自由自在地環遊世界旅行；而茉莉則是這家深獲旅行者信賴的旅館不可或缺的幫手。身爲同世代的女孩，所以也擁有共通的感覺，但儘管如此我卻說不出「那麼，茉莉也辭去工作，與丈夫一起去旅行吧？」那樣的話。畢竟日本與土耳其、以及我生長的環境與她生長的環境是不同的，而且彼此之間的落差非常大，當然也不是說哪邊較好或哪邊不好，不過就是存在著無可奈何的文化差異。由於在旅館工作的緣故，她經常有機會接觸到異文化的旅行者，所以那種文化的差異也顯得更加明顯吧。如果我是她的話，想必會難以分辨自己究竟身處在何種環境之中吧。

「所以，我也要努力，盡一切所能，絕對沒問題的。首先，先爲了搬新家而努力吧！」茉莉一掃先前的憂鬱，轉而露出了微笑。或許是看見我流露出擔心的模樣而刻意如此說吧。不過那猶如天使般的笑容，的確讓我徹底的安心了。她的確是個可以尋找到屬於自已幸福的人，在那個像是天使般的少女內心裡，我可以看見那無論身處何地都能懷有堅強意志的勇敢。

離開旅館那天，我們與茉莉全家拍照留念。友和依舊害羞地說著：「唉呀，還是茉莉本人比較可愛啊！」但我卻發現自己對她的觀感已經改變了，當然還是依然迷戀著她的可愛，卻多了一份志同道合的情感。

同一天結婚的我們，在不久的未來，即使身在世界遙遠的兩個國家、過著各自不同的生活，但是當我們慶祝著結婚紀念日時，土耳其的茉莉也同樣在慶祝著。因此彼此都要幸福喔，不僅爲了身爲女人的幸福，也是爲了身爲人類的幸福。

1.前來討飯的島上的貓，這些貓皆毫無警戒之心。 2.米克諾斯島的嬌客鵜鶘。

希臘

Hellenic Republic

2003年5月27日▶保加利亞索菲亞(Sofia)→泰沙隆尼其(Thessaloniki)
5月28日▶泰沙隆尼其(Thessaloniki)→雅典(Athens)
5月31日▶雅典(Athens)→米克諾斯(Mykonos)
6月4日▶米克諾斯(Mykonos)→安德羅斯(Andros)
6月6日▶安德羅斯(Andros)→雅典(Athens)
6月8日▶雅典(Athens)→帕特瑞(Patra)

雪白的建築與湛藍的天空，這就是愛琴海的米克諾斯島，終於有點蜜月旅行的樣子了！?

4

3

5

6

3.教堂、九重葛與夕陽，哇啊，好羅曼蒂克喔。 4.愛琴海的漁夫。 5.雅典的市場(Agora)是海鮮的天國。 6.從雅典衛城(Acropolis)的山丘眺望雅典的市街，十分壯觀。

丈夫的大冒險

by 友和

離開土耳其後，經由保加利亞來到希臘。「貨幣變成了歐元，總算進入到眞正的歐洲了。」與繪里談著談著，一邊漫步走在雅典的街道上，突然一間報攤吸引了我們的注意。

看著報攤……什麼！書架上竟公然擺放著色情雜誌。這裡可是市中心最繁華的地方，不僅路過的行人眾多，其中也有許多孩子們。但儘管如此，人們似乎也不爲意的樣子，而將那些色情刊物大剌剌的放在報攤最前面、也最顯眼的位置。雖說這裡是歐洲，但老實說還是頗令人驚訝的。打從走訪亞洲或非洲等地以來，根本很少有機會能見識到將這類色情雜誌放在公開場所的情況。例如印度或埃及等，許多國家對於性都是採取禁欲的態度，過去始終在那樣的國家遊走，如今竟在街頭看見公然販售這類猥褻的雜誌時，不知爲何好像有些不知所措了。

之後，碰巧有機會與繪里分開自由行動。雅典是個非常講究的都市，受到流行時尚的刺激，她決定去逛街，物色漂亮的衣服。我們約好幾個小時後在旅館集合。因爲也沒有什麼特別想要做的事情，所以我就漫無目的在

附近閒晃。我們所住的地區，在雅典來說並不是個治安良好的地方，是個觀光客不太可能前來的道地庶民區。在這裡並沒有足以聚集觀光客的方便機能，有的也只是當地人的生活味罷了，但也因此顯得眞實有趣。好不容易可以獨自行動，所以我決定嘗試平常不太可能走去，也就是遠離大馬路的小巷弄去看看。

結果，突然看到一家可疑的商店，走近一看才發現是一家電影院。這可不是普通的電影院，外面張貼著裸女的海報，也就是說這是一家色情電影院。事到如今我必須老實說，身爲男人的我的確也有想看到金髮歐洲裸女的渴望。不過，那與在日本去租借成人錄影帶的心態又有點不一樣，聽起來好像是在爲自已辯解似的，但若要歸咎起來，與其說是性欲使然倒不如說是對於未知的事情產生好奇心吧。儘管如此，畢竟這是蜜月旅行啊，總不能因爲好奇心驅使就爲所欲爲了……。不過既然與繪里分別行動，剛好可利用這段時間做做自已想做的事，這可說是千載難逢的機會啊。哇啊，我該怎麼辦呢……。

雖然有些猶豫，但我還是告訴自己：「這可是爲了學習啊!!」於是鼓起勇氣走進了電影院。入口處那位沉默的老先生看見東方人似乎有些驚訝的模樣，而我則像做了見不得人的勾當似的鬼鬼崇崇地拿錢出來買票，老先

生不發一語地將票給了我。狹小的場地裡一片漆黑，電影已經開始播放了（也許根本就是不停地播放吧），黑暗中只能藉著銀幕透出的亮度尋找座位。銀幕裡的男女主角都還穿著衣服說話，由於聽不懂對話的內容，也就無從弄懂劇情。但也因爲我實在太緊張了，所以也管不了究竟在演些什麼了。

不久，終於出現「那個」場景了。儘管內容香豔刺激，但我還是注意到場內的異狀。周圍開始出現吵雜的人聲，環顧四周，通道上有好幾個亮光閃爍著。「那是什麼啊……？」再仔細觀察，發現竟有個亮光逐漸朝我這裡逼近，然後在我旁邊的位置停了下來。仔細一看，原來是一位胖胖禿頭的老頭子，他手裡拿著點著的打火機。原來那亮光就是打火機的火光。就在理解到這個道理的同時，那個老頭子將打火機朝著我的臉龐靠了過來，看清楚我的臉後，開始滿意地笑了！然後他就決定坐在我旁邊的空位上。

雖是個狹小的電影院，但其實也沒有那麼多客人，所以還有許多的空位，實在沒有必要特意坐在我的身邊啊，況且好位置還多得是呢……。總之，我還是假裝不以爲意，繼續注視著銀幕的方向。

只要不理會這個怪老頭的話……什麼？！就在這個時候，我簡直要嚇壞了，手啊……那個老頭子的手正放在我的膝蓋上！然後突然開始在我的耳

邊竊竊私語。「○★□▲！○★□▲！○★□▲……」？？因爲是希臘語，所以我根本就不清楚他在說些什麼。不過如此之場景，簡直可以想像得出他究竟在說些什麼了，當然我只得拼命地以英語拒絕說「NO！」但那老頭子似乎還是不氣餒。

「○★□▲！○★□▲！○★□▲！○★□▲★□！○★□▲……」「NO！NO！NO！NO！我說NO啊！所以我根本沒有這個意思啊！」我繼續堅決的拒絕著……什麼！待留意時老頭子的手已經漸漸往上逼近了，正準備朝我的重要部位進攻……「NO！！！」我叫了出來，直覺反應就是站了起來，老頭子似乎也嚇壞了，就在那個時候我立刻往電影院的門口衝了出去，拼了命地。衝出電影院後，隨即往剛才的來時路走去，走到了大馬路邊終於可以稍微喘口氣了，眞是有驚無險啊……太可怕了……

原來那家電影院是同性戀聚集的場所，雖然我對於同性戀既不予以否定也不予以肯定，但是，既然被要求時會逃離現場，恐怕我還是屬於否定的吧。因一時衝動卻去錯了地方……但後悔也來不及了。我蹣跚地順著旅館方向的道路走去。

就在房間裡發呆時，繪里終於笑瞇瞇地回來了。看她兩手提著紙袋，想必是逛得很愉快吧。她隨即把買回來的衣服攤開在床上，開始展示服裝。

「喂，喂，這個怎麼樣？因爲拍賣所以很便宜喔。你猜猜看多少錢？」與比平常還要興奮的繪里比較起來，我似乎變得非常沒有精神。「啊，怎麼好像無精打采的樣子？怎麼了？」「嗯……沒有啦……沒什麼啦……」我只得拼了命地回答著。

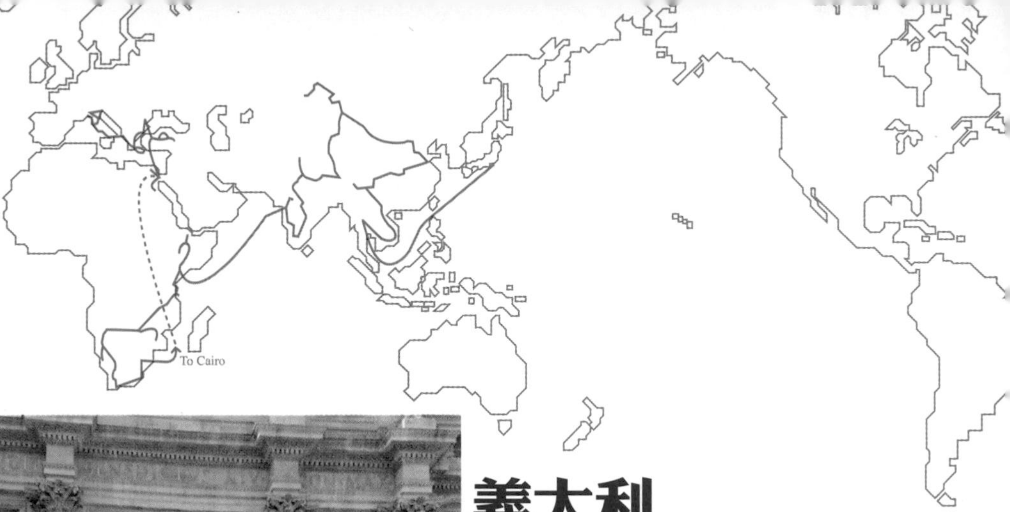

義大利

Republic of Italy

2003年6月8日▶
希臘帕特瑞(Patra)→布林狄西(Brindisi)
6月9日▶布林狄西(Brindisi)→拿波里(Napoli)
6月12日▶拿波里(Napoli)→羅馬(Roman)
6月14日▶羅馬(Roman)→里奧馬焦雷(Riomaggiore)
6月16日▶里奧馬焦雷(Riomaggiore)→比薩(Pisa)
6月17日▶比薩(Pisa)→翡冷翠(Firenze)
6月18日▶翡冷翠(Firenze)→米蘭(Milano)
6月20日▶米蘭(Milano)→威尼斯(Venezia)
6月21日▶威尼斯(Venezia)→波隆納(Bologna)→安科納(Ancona)

1.水都威尼斯，漂亮的水上街景。 **2.**羅馬假期的氣氛？ **3.**從小東西來感受，真不愧為設計王國。

小祕密

by 繪里

友和回去日本了。這樣寫或許會讓人以爲：「什麼，離婚嗎？」其實他回去的理由並不是夫婦吵架而分手了，也不是因爲厭倦了旅行。純粹只是因爲發現他的駕照期限好像快要到期了。而駕照更新必須要本人親自辦理，所以不得已只好先回去了。友和回去日本後，就變成我一個人獨自旅行了……老實說我內心有著些許的雀躍。旅行至今約一年了，兩個人一天二十四小時，除了上廁所、洗澡以及離家出走期間之外，幾乎都與友和膩在一起。雖也沒想過厭倦或不厭倦的問題，但目送著前去機場的友和時，剎那間感覺到自己終於可以一個人時，竟覺得自己的身體仿佛長了翅膀似的。當然，其實也可以兩個人一起回日本的，但我卻毫不猶豫地選擇了一個人留在歐洲。

儘管如此，來到義大利的五漁村(Cinque Terre)時，老實說我們還有些猶豫這樣的選擇是正確的嗎？因爲五漁村是座落在沿著海際的斷崖、猶如玩具般的五個小村莊，是充滿義大利風情的觀光勝地。不過這些村莊都非常小，只要散步就可以全部逛完了，所以認真說起來，大部分的時間只能

在海邊悠閒地度過罷了。再加上是斷崖沿岸的海灘，所以活動範圍只有像貓額頭般的狹小，但在這樣的地方，卻是義大利境內，不，應該說是聚集了全世界最多情侶在這裡親吻的地方。你們不丟臉嗎，超丟臉的耶！忍不住忌妒地想吶喊，但恐怕還是白費工夫吧。啊，一個人獨自在海邊果然是超痛苦的。

懷著那般悲傷的情懷徘迴在這個小村莊時，突然不知從何處冒出水來，而且就滴落在我身上。「奇怪？下雨了嗎？」仰望天空，還是晴空萬里的天氣啊！「是哪裡出了問題嗎？」我仍舊繼續往前走去，可是還是有水滴滴落在我身上。「？？？」環顧四周，突然聽見遠處傳來「嘿嘿嘿」的笑聲。誰啊？順著聲音逼近，仔細一看，有個肥胖的典型義大利男子，以及相較之下顯得消瘦且滑稽得像豆豆先生的大哥，兩人手拿著水槍正在哈哈大笑。

簡直像凹凸搭配組合的兩人，胖胖的大哥是安東尼，瘦小的則是馬爾寇，猶如義大利漫畫人物的名字再搭配上滑稽的外表，頓時讓我對他們失去了警戒心。不過老實說，最初的確是想著：「這些人到底想要做什麼啊！」不過兩人實在太好玩了，不知不覺就加入了他們的行列，甚至毫無防備地與他們暢飲紅酒說笑著。被義大利人迷得團團轉的女生，聽說就是

這樣任由擺佈的……

安東尼與馬爾寇是很好的朋友，聽說兩人都是畫家。起初我受到水槍攻擊的地方就是安東尼的家，聽說其他地方還有他們的工作室，於是他們就引領我去參觀。抵達時工作室裡有與外表完全不吻合的安東尼的畫作，以及也與外表不搭配的馬爾寇的羅曼蒂克畫作。他們相互嘻笑怒罵說著：「怎麼樣，這個傢伙的畫很糟吧！」不知爲什麼，總覺得這兩個人就像絕配的相聲組合。隨後，他們又帶我到附近的咖啡館去，兩人同時手插著腰將義大利濃縮咖啡一飲而盡。

不久，安東尼說：「我必須回去照顧兒子了。」就先行離去，只留下我與馬爾寇。他提議到海邊走走。在那個像貓額頭般狹小的海邊，仍是一副亂哄哄的樣子，但是一個人散步與兩個人散步時所看到的景色果然不同。雖說「一個人旅行眞好」，但也許說穿了，一個人的旅行其實是非常孤獨的吧。

馬爾寇在海邊有一艘船，他帶我坐上他的船。那艘船就像是日本公園裡那種簡單的小木船，與這個像玩具般的村莊也眞是絕配。馬爾寇一邊搖著槳一邊哼著歌，就在船要離開海邊時，從岸邊處傳來了「馬爾寇！」的叫聲，應該是他的朋友在岸邊向他招手吧。馬爾寇突然從船上跳到海裡，不

一會兒的工夫就游到岸邊了，留下我呆呆的坐著船上。馬爾寇好像從朋友那裡取了什麼東西後，不久又往船的方向游了過來。仔細一看，他的手裡握著啤酒杯。爲了不讓啤酒溢出來，他拼命地單手高舉，一邊死命地游了過來。當他回到船上後，就開始暢飲那杯啤酒，然後一邊對我眨眼說道：「本來是想拿兩人份的，可是如果拿了兩人份的啤酒，我可就不能游泳了！」

這時我才突然察覺到，我根本不會說義大利語，馬爾寇的英語也不靈光，心想我們竟然還能溝通對話到此，眞是不容易啊。馬爾寇也說：「雖然妳不會說義大利語，但不知爲何我們卻能溝通耶？」當然我與馬爾寇對話時，完全是比手畫腳的，不過大概都可以了解對方的意思。馬爾寇結過一次婚，但是離婚了，有一個兩歲的女兒。我也告訴他，自己已經結婚了，但是丈夫現在回去日本了。我讓他看看自己無名指上的結婚戒指，馬爾寇則在乾燥的岩石上以手指沾海水畫了一個女孩，我們互著看對方說「大家都很辛苦啊」，然後相視而笑。

而後又與馬爾寇到村莊散步。馬爾寇對著熟睡、毫無防備露出肚子的貓咪戳了戳肚子；然後又跑到帶著觀光客的導遊身旁，假裝拿著旗子、作手勢說「各位請跟我來！」；或是拿著水槍從高台攻擊海邊正在午睡的人

們，看見大家不知所措的神情則大笑了起來……。雖是意外中的插曲，但好像也充實地度過了「與馬爾寇先生共度的爆笑義大利假期」。

又到了分別的時刻。聽說馬爾寇今天必須離開村莊外出。在等待列車的月台上，馬爾寇假裝哭泣對我說：「還要再來玩喔！」然後將一條小手帕交給了我，手帕上是他畫的五漁村的風景。「再見！」「再見！」我們交互著義大利式的道別，然後充滿笑容地分別了。就在瞬間，我的腦海裡浮現出友和的臉龐，要是友和知道我與不認識的義大利男子遊玩，一定會非常擔心吧。今天的回憶，姑且就當成是我的小祕密吧。我一邊想著，一邊獨自走回那個沒有人等待的廉價旅館。

Column 義大利

相會在米蘭

友和

繪里獨自在義大利旅行時，我正在東京。好不容易回到了日本，卻只有短短十天的時間。在如此緊湊的時間裡，爲了辦好更新駕照的事情，根本沒有時間好好休息。與其說是回國，倒不如說是在旅行的途中臨時停留日本較爲恰當。因此爲了不想有種半途而廢的感覺，所以也不想與朋友去喝杯酒聚聚。雖然很高興吃到久違的日本料理，但是一個人吃卻也不覺得好吃，過去習慣的東京，如今卻有種無法融入其中的感覺。

「繪里現在很好嗎……？」在東京期間，我經常那麼的想著。過去一年多以來始終都是兩個人在一起的，現在突然變成一個人，老實說還眞是不習慣。過去沒有特別意識到，但如今才深深體會到繪里就是我的家人。

十天後，我再次搭上飛機飛往義大利。在飛機上有手捲壽司，所以我就多拿了一些，準備留給繪里當作禮物。我與她約在米蘭會合。抵達機場走出海關，心想繪里來了嗎……？就在那個時候，曬得焦黑的繪里走了過來，給了我一個熱情的擁抱，心頭又湧起了好久不曾有過的臉紅心跳。那種感覺應該就像是遠距離戀愛的情侶吧。「我回來了！」「歡迎你回來！」對當時的我而言，所謂回來的地方不是日本，而是繪里等待著我的任何異鄉的天空下吧。

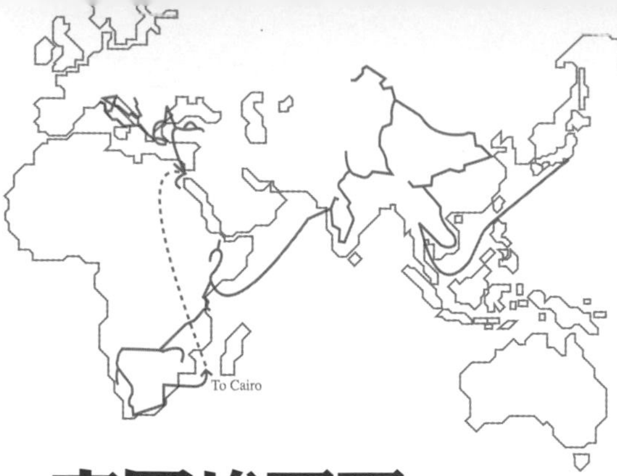

克羅埃西亞

Republic of Croatia

2003年6月21日▶
義大利安科納(Ancona)→斯布利特(Split)
6月22日▶
斯布利特(Split)→杜布瓦尼克(Dubrovnik)
6月27日▶
塞拉耶佛(Sarajevo)→薩格勒布(Zagreb)

1.美麗的普利特維切國家公園。 **2.**發現帶著太陽眼鏡在旁休息的母女檔。 **3.**路旁因有花販，為街道上添加許多色彩。 **4.**有「亞德里亞海的珍珠」之稱的杜布瓦尼克。

六十二億×六十二億分之一

by 繪里

克羅埃西亞是個非常美麗的國家。尤其是亞德里亞海岸線光輝閃耀的海邊，散落的那些樸實的村莊，那兒的風景美得就像童話般。即使坐在公車上，沿線的風景都堪稱是世界級的美景。常有觀光客會將這裡與鄰國吵雜的義大利相比較，但這裡的幽靜其實也是挺不錯的啊。令人不敢相信最近才剛發生過內戰，若是這裡的政局能再穩定些，成爲世界著名觀光勝地的日子肯定指日可待。不過，看著如此美麗又幽靜的國家，突然有種自私地想把它列爲隱密之地的念頭，不想告訴任何人，就藏在自己的心深處。

在克羅埃西亞著名的觀光景點之一杜布瓦尼克(Dubrovnik)，我將迎接自己二十七歲生日的到來。據說宮崎駿導演的「魔女宅急便」，就是以這條街作爲場景，整條舊街道洋溢著電影裡中世紀般的氣息。說起來實在有些不好意思，我生日那天剛好也舉行了結婚典禮，所以也一併慶祝結婚一週年紀念。「我們今天就吃些好吃的東西，好好地慶祝一番吧！」我們一邊說著一邊漫步欣賞著沿路的風景，就在這個時候，迎面走來一位高大的

金髮白人美女。

起初，我還想著「眞是一位美麗的小姐啊！」結果對方也注視著我，應該是想著「這個日本人的五官眞不突出啊！」就那樣看著看著，原本模糊不清的那位美女逐漸在腦海裡清晰起來了。咦？這張臉，好像在哪裡見過的樣子啊……。「安雅！」「繪里！」我們幾乎是同時間叫出了對方的名字，然後快速地跑向對方。唉呀，眞是令人驚訝啊，她睜大著眼睛，一副不敢置信的模樣看著我。接著，我們又異口同聲地說道：「妳怎麼會在這裡呢？」隨即彼此相視而笑，一旁的友和似乎還愣在那裡，不知道發生了什麼事。

安雅，是我們在非洲坦尙尼亞旅行時認識的瑞典朋友。在桑給巴爾島那個美麗的島嶼，我們就住宿在同一個地方。由於那個海灘只有四間可住宿的地方，所以湊巧相鄰而居的我們，經常結伴一起去海邊散步，或是一同用餐吃飯，有時還盪著鞦韆邊話家常。簡直可比擬北歐美女的安雅是與男友一同出來旅行的，雖然年紀比我還小卻相當成熟懂事，是個沒有脾氣、很好相處的人。「如果有機會到歐洲時，請也到瑞典來玩喔。」當時我們還互相交換電子信箱。本來心想等距離瑞典較近些再連絡，沒想到她竟然

就出現在這裡了。

「從那之後，你們還繼續在旅行嗎？」她顯得相當驚訝。說得也是，自從與安雅分別以來也已經經過三個月的時間。自從那之後，她就回到瑞典，由於工作的餐廳放暑假，所以利用一週的假期與家人來到克羅埃西亞旅行。再仔細一看，安雅身邊果然站著一位與她一模一樣的婦人。然後安雅跟我介紹：「這位是……若以英語來說的話，就是『熊先生』了。」與她母親同行的Mr. Bear果然人如其名，是位蓄著滿臉鬍鬚親切的老伯伯。不過，Mr. Bear看起來不像是安雅的親生父親。雖聽說北歐諸國的男女關係是很開放的，但看見女兒與母親及母親的男友一同出遊時，還是會有些驚訝，果然是與日本的文化大不同啊。聽說，這次她們是開車來克羅埃西亞的。而且距離好像還蠻遙遠的，不知越過了多少國境才抵達這裡，對於出身日本島國的我們，的確是難以想像的事呀。

站著閒聊，還不如找個地方共享晚餐吧。用餐時，我們還是忍不住聊起了彼此這樣相遇的機率，畢竟旅途中又有多少的機會能再遇見曾經相遇的同伴呢。如果是同時期剛好彼此都在亞州橫斷之旅或非洲橫斷之旅，或許還有可能相遇吧。但在坦尚尼亞小島偶然相識的日本人與瑞典人，這回又

偶然地在克羅埃西亞巧遇，光想到這些，就覺得其機率簡直微乎其微了。Mr. Bear說：「世界的人口現在有約六十二億人左右，僅是要與認識的人見面也要有六十二億分之一的或然率，而妳們的偶遇機率則是……六十二億×六十二億分之一吧。」六十二億×六十二億分之一！這樣的偶然再相遇，以奇蹟來形容也不爲過。

開始用餐不久後，我才想起今天是我的生日，同時也是我與友和的結婚紀念日，差一點就忘記了啊。安雅苦笑地說：「這種事怎麼不早些說出來呢！」隨即舉杯爲我的生日慶祝。Mr. Bear則眨著眼睛說道：「這樣一來，我們就有個讓你們請客的好理由了。」雖是開玩笑的，但還是個很棒的生日禮物不是嗎。「一定要來瑞典玩喔！」「好的，一定會去的。」我們相互約定，直到深夜才道別返回旅館。回去的路上，我還在思索著六十二億×六十二億分之一究竟是多少啊……想著想著，情不自禁地想做個勝利的姿勢了。

之後，我們一如約定去到了瑞典。安雅居住在與丹麥相鄰的國界附近一處名叫馬爾默(Malmo)的城鎮。相約見面的那天，在車站等候的安雅笑著對我們說道：「歡迎來到馬爾默。」馬爾默是個安靜的學生住宅社區，儘

管夏季短暫，但安雅家附近依舊綠意盎然。原來安雅是生活在這麼美麗的景緻之中啊，美女與美景果然相互輝映。當我與友和說起這些時，安雅與母親正將早上準備的美食料理送了過來，而Mr. Bear也因爲喝了紅酒而有些微醺。大家坐定位後，又齊聲爲第三次的相遇而乾杯了！

1.波士尼亞・赫塞哥維納的首都塞拉耶佛(Sarajevo)市內還留著內戰的痕跡，赫斯洛波捷報社就位在最前線。 2.牆壁上的槍彈孔還清晰可見。 3.曾經舉辦過冬季奧運的廣場前，排滿了墓碑。 4.現在，終於感覺來到了歐洲的鄉村都市。

波士尼亞・赫塞哥維納

Bosnia-Herzegovina

郊區的住宅多半很樸素。

墓碑。走在街道上，建築到處都是槍彈所遺留下的痕跡。波士尼亞•赫塞哥維納所呈現的景象，給了從不知道「戰爭」是何物的我們，帶來相當大的衝擊。

波士尼亞•赫塞哥維納的內戰，是原本擁有相同血緣的民族分爲三大派別，各自佔領其領土，歷經約三年半的混戰。據說是一九九五年才停戰的，這麼說來是最近的事了。在這個國家與我們同年紀的年輕人都經歷過這場戰爭，想到這裡，總覺得過路的行人們像都背負著沉重的過去，雖然想要問的事情好多好多，卻實在不知如何開口。

我們在非洲的時候，剛好爆發了伊拉克戰爭。遊走世界各地，許多地方似乎也都留有戰爭的傷痕。雖然想懷著輕鬆的心情旅行，但是戰爭卻好像無時無刻地跟隨著我們。

隨著出生的環境，對於人的一生也有很大的影響。旅行時，在在感受到這句話的沉重，那或許是一個人的力量也無法左右的吧。戰爭依舊以現在進行式存在著，想到那些滿面笑容與我們交談的人們，甚至我們都可能也被捲入戰爭之中，不由得膽顫起來。關於戰爭，是基於聲張思想也好、或是迴避戰爭的手段也好，但不可以遺忘的是這個世界上的確有許多人爲了沒有理由的理由而死去，待在波士尼亞•赫塞哥維納這塊土地上時，我不禁想起了這些。

Column 波士尼亞 赫塞哥維納 繪里

關於戰爭

匈牙利
Republic of Hungary

1. 首都布達佩斯的象徵物，連接布達與佩斯的吊橋。 2. 手工做的義大利麵非常好吃，很適合搭配紅酒。 3. 布達佩斯有許多具有歷史文化的建築物。

保加利亞
Republic of Bulgaria

1. 保加利亞是社會主義的國家，有著濃厚的俄羅斯文化色彩。 2. 這裡是玫瑰花的盛產地。 3.「Kavarma」是指蕃茄燉煮的牛肉湯。

斯洛伐克
Slovak Republic

1. 首都布拉提斯拉瓦的城堡，四角型尖塔狀的造型很有趣。 2. 在冰淇淋店前發現了一個調皮有趣的雕塑。

奧地利
Republic of Austria

1.申布倫宮殿及花園(Palace and Gardens of Schonbrunn)的大客廳，豪華得令人嘆為觀止！ **2.**在市區內遇見了遊行。東歐的帥哥很多？ **3.**在維也納(Vienna)中心地帶的聖史蒂芬(St. Stephansdom)大教堂，是這個城市的地標。

捷克
Czech Republic

1.布拉格(Praha)的名產「Marionette」(牽線木偶)，木偶劇也很好看喔。 **2.**布拉格這個城市，無論何處都像一幅畫。 **3.**舊街道的廣場讓觀光客留連忘返。提恩教堂樓頂的雙塔特別引人注目。

德國

Federal Republic of Germany

1.感覺空氣都在震動的響聲是從卡車上發出來的。2.像這樣的年輕辣妹很多。 3.心情超好的繪里。4.戰勝紀念塔前擠滿了人、人、人！ 5.愛的象徵當然是心型囉。 6.街上到處都是像這樣的人。

Column

德國

愛的嘉年華

友和

平常都很悠閒的我們，這次爲了某個理由而特意趕往東歐，因爲在七月初德國的柏林有個名爲愛的嘉年華節慶。愛的嘉年華是世界著名的電子音樂慶典，許多由大音箱組合改造的貨車會播放出高分貝的音樂，隨著音樂進行遊行。幾十台的貨車各自放著不同的音樂，六月十七日開始，會在市中心的路上，不分晝夜地來回穿梭。

一年一度的大遊行，參加人次居然有一百萬人之大規模！主要會場戰勝紀念塔前人潮像捏壽司般塞得滿滿的，所見之處盡是人潮。在這樣的情況下，聽到的是四面八方音響傳來的音樂及歡呼聲。也就只有這一天可以這樣無理取鬧吧，大家大口狂喝酒、像個瘋子似地猛跳舞，其中還有人因興奮過度而爬到樹上或電線竿上。德國在歐洲的國家中，始終予人紀律嚴謹的印象，眼前的景象恐怕連日本的暴走族都會嚇一跳吧。但如此瘋狂的遊行卻得以在這個國家進行，也許這個國家也有令人出乎意外的一面。

當然垃圾的量也相當驚人。不僅垃圾桶堆滿垃圾，喝完的啤酒瓶或吃完的食物等垃圾根本就直接丟在地上。所以滿地都是碎掉的瓶子或香蕉皮，令人怵目驚心，這樣的髒亂，要怎樣收拾啊？但第二天到了會場，垃圾早已經被清掃得乾乾淨淨了，就像不曾發生過任何事情一樣，實在是太神奇了，也讓人見識到認眞的德國深不可測的實力。

丹麥&瑞士
Kingdom of Denmark & Kingdom of Sweden

2

1

3

4

5

1.充分展現出北歐設計品味的家，相當時髦。 **2.**攝於金氏世界紀錄博物館前，與世界最高的人的實際尺寸人像合影留念，真的好高啊。 **3.**為了享受北歐短暫的夏季，露天咖啡館也大客滿。 **4**、**5.**位於哥本哈根(Copenhagen)中心地帶的「Stroget」，號稱是世界最大的人行步道區。因為正好是旺季，觀光客也特別多。

2

1

荷蘭 Kingdom of the Netherlands

1.說到荷蘭就聯想到鬱金香，不過因為是夏天，所以還未盛開。 **2.**再說到荷蘭又聯想到風車，這個可就是終年無休了。 **3.**在風車旁邊的鴨子們，來討食物了。 **4.**位於阿姆斯特丹(Amsterdam)因為《安妮的日記》而聲名大譟的的房子。

4

3

1

2

3

1.布魯塞爾(Brussels)的名勝「尿尿小童」(Manneken Pis)。但親眼看到後卻有些失望⋯⋯ **2.**比利時鬆餅！份量十足，令人想吃一口。 **3.**位於市中心的布魯塞爾大廣場(Grand Place)，據說是世界最美的廣場。晚上的夜景更是豪華。

Kingdom of Belgium 比利時

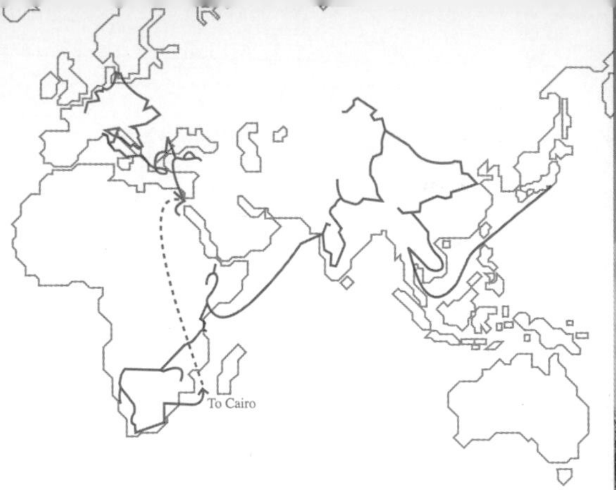

法國

French Republic

2003年7月25日▶
比利時布魯塞爾(Brussels)→巴黎(Paris)

1.千里迢迢地來到了凱旋門！ **2.**一本正經的貓咪，果然具有巴黎的高級感。 **3.**說到巴黎就想到咖啡。 **4.**點了燈的艾菲爾鐵塔(La Tour Eiffel)顯得有些渺小。 **5.**氣勢相當威風凜凜的凡爾賽宮(Chateau de Versailles)。

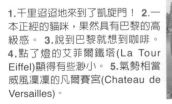

巴黎的回憶

by 友和

我們是搭乘國際巴士來到巴黎的。提到在歐洲的交通工具，幾乎大多數的人都是以搭乘火車居多，但其實搭乘公車更爲方便，不僅車資相當便宜，像我們這樣有時間卻沒有足夠旅費的自助旅行者來說，實在是不可或缺的重要交通工具。例如從德國柏林到丹麥哥本哈根的車費，搭乘火車的話需要一百二十歐元左右，但是公車卻只要二十五歐元，換算日圓就足足差價一萬日圓以上，所以我們根本不會想去搭乘火車。

歐洲比起過去旅行的亞洲或非洲，物價實在高出許多，所以我們的旅行方式也必須跟著改變才行。通常一個城市大約停逗留一夜或兩夜，最長也不超過三夜或四夜。因爲住宿費不可以超支，所以不可能長時間滯留，只能重點式的觀光後，就必須移動到下一個城市。所以相形之下，移動的速度也變快了。雖然不想那樣節省、斤斤計較，但是在歐洲旅行卻又不得不與錢掙扎，最後反而因貧窮而想到許多引以爲傲的節省高招。尤其是北歐的物價更是貴得離譜，在哥本哈根時爲了節省住宿費，我們幾乎都睡在帳篷裡。

在巴黎找住的地方，當然也花了一番功夫。不愧是世界屬一屬二的大都市，連旅館費用都不是簡單可以解決的。適逢夏天的旺季，所以旅遊指南上所記載的廉價旅館幾乎都客滿了。因此，我們就先到凱旋門旁的旅遊客服中心去。兩個背著龐大骯髒背包且邋遢的日本人走在香榭大道上，實在有些狼狽不堪。「我們想要找便宜的旅館……」詢問旅遊客服中心時，也許是我們看起來實在很貧窮的模樣，因而覺得同情吧，那位服務的小姐拿了一本厚厚像是旅館指南的手冊翻閱著：「這裡有點貴……那個也都太貴了，啊，這裡有便宜的！」很認眞地幫我們尋找。眞是不枉苦心人，找到了兩人一晚三十歐元的廉價旅館，我們當然立刻預約訂房了。

這家旅館眞是便宜，所以老實說起初我們並未懷著任何期待，待抵達後才發現羅浮宮居然就在旁邊。位於巴黎的市中心，房間雖然小了一點，但對於觀光來說再也沒有比這裡更好的地方了。這可是位在足以代表藝術之都巴黎的世界知名美術館周邊，附近的氣氛有說不出的藝術氣質，可以充分體驗到身爲巴黎人的感覺。羅浮宮對面是間老字號的安潔麗娜(Angélina)咖啡館，那裡的栗子蛋糕眞是絕品。結果我們根本沒有進去過羅浮宮，卻吃了三次栗子蛋糕。看來我們可眞是所謂的不求風流只求實惠的夫婦啊。

來到巴黎後還有其他令人驚訝的事情，那就是每個人的英語都很流利。曾經聽說法國人的英語不好，但我想應該絕不是指巴黎吧。老實說，我所讀的高中必須選修第二外國語，當時我選擇了法文，再加上大學時所學的，總共學了七年的法文。不過儘管如此，因爲我不是個認眞的學生，所以我的法文能力完全不像學習了七年的樣子，簡直可說是慘不忍睹。我總是拼命地擠出自己知道的單字，嘗試著與當地人溝通，很可惜的是根本沒有人聽得懂。結果，以爲對方聽不懂英語而試著以法語交談，最後對方反而以標準的英語回答。眞是丟臉啊……早知如此，當初就應該努力用功了，不過後悔也來不及了。

巴黎的艾菲爾鐵塔與凡爾賽宮，當然是必要參觀的觀光景點，除此之外似乎也沒有到過任何地方了。有時上網咖查詢之後美國之行的機票，或是到香榭大道買買東西，感覺好像也過足了巴黎人生活的癮了。

就在某天的中午時分，與平常一樣我們離開了旅館，外出到附近咖啡館去吃稍微嫌遲的早餐時，突然發現街上的氣氛好像與往常不太一樣……再仔細一看，原來大馬路上竟連一輛車子也沒有。「什麼？眞是奇怪啊……」我們四處張望，才注意到車道與步道都被繩子給圍了起來。覺得奇怪，於是就問了旁邊的路人，才知道這裡即將舉行自行車比賽。什麼，自行車比

賽?就在摸不著頭緒時，繪里說：「你看，那邊寫著Tour de France耶！」果然懸掛在那裡的布幕寫著「Tour de France」的文字，環法自行車賽(Tour de France)可是世界級有名的自行車比賽啊，我們竟偶然遇上了。

今天的巴黎簡直就是清一色的環法自行車賽，淨空的街道變成了大型的活動場地，街上行走的人們也紛紛駐足觀望。「哎呀，眞是太幸運了！」「爲了拍照，我們得找個視野較好的位置！」其實我們對自行車比賽並沒有太大的興趣，也從來沒看過。但是，天生就是那種喜歡節慶、愛湊熱鬧的人，眼見周圍洋溢著節慶的氣氛，心情也不由自主地高漲了起來。

我們立刻在沿路找到了絕佳的位置，然後等待著比賽開始。大概等了一個小時左右吧，就在我們等得耐不住性子、要放棄走人之際，周圍突然一陣騷動。開始了啊！就在那瞬間，眼前突然閃過了好幾輛宣傳用的自行車隊。那些自行車賽的宣傳車隊果然盛況空前般的耀眼，但是眞正的比賽似乎還沒有要開始啊。

「什麼嘛！只是宣傳的車隊罷了，眞正的比賽何時才會開始啊。」正當失望之際，突然聽到遠處傳來卡擦、卡擦的聲音，往聲音的方向望去，來了啊！一群自行車啊！卡擦卡擦……快速地逼近！哇啊啊！又走了。

眞的只是一閃而過。突如其來的自行車車隊就那麼一瞬間從眼前騎過，

也那麼一瞬間消失遠去。由於太多輛自行車擠在一起，根本看不清楚也來不及議論到底誰比較快誰比較慢。等待了那麼漫長的時間，換來的卻是瞬間就消失的結束，真的讓人有種恨得牙癢癢的感覺，但身邊的人們似乎都心滿意足的模樣。見到此景，想想也許這種比賽就是這麼回事吧，倒也就欣然接受了。

老實說，對於巴黎的回憶，除了瞬間急閃而過的自行車車隊、安潔麗娜的栗子蛋糕，以及羅浮宮的外觀之外，似乎再也想不起什麼了。儘管如此，我們還是在那裡待了一個禮拜，也是歐洲諸國裡停留最久的地方，這麼說起來巴黎還是有它的特別之處吧。現在只要聽到巴黎兩個字，仿佛心中就湧起了難以言喻的獨特「巴黎芬芳」，令人忍不住要呢喃「巴黎眞是個好地方啊。」

www.59rivoli.org
AILLAGON
DÉMISSION!
ROBERT
CÔTE A CÔTE
AXARA

【歐洲巡禮⑤】

西班牙
Spain

1.或許因為是夏天吧，住家的陽台上擺滿了鮮豔的花朵。攝於安達盧西亞(Andalousie)。 **2.**俯視具有歷史文化的格拉納達城(Granada)，整個城鎮有種協調的美感。 **3.**發現整面牆壁上掛滿彩繪盤的可愛住家，這種藝術的品味真是值得學習啊。

4、**5**、**6.** 說到西班牙，就想起鬥牛！那氣勢真令人震撼，雖然有贊成與反對的聲浪，但光是搏命的演出還是令人想拍手喝采。

Column 西班牙

食物美味的國家就是好國家

繪里

本來我們就是美食主義者，但是來到歐洲之後，飲食漸漸變得樸實了。有時實在想不顧一切衝進去一間像樣的餐廳飽餐一頓，但對自助旅行者來說物價實在太貴了，必須一邊衡量錢包，所以根本無法打從心底快樂地享用餐點。雖然有時是自己料理煮飯，但總還是會想吃吃當地廚師們所做的美味佳餚。

針對這點，西班牙在歐洲諸國裡則屬特例，便宜又好吃的餐廳特別多。而且街上到處都是賣火腿的小攤子，肚子稍餓時就可以買來果腹。在這裡，我們也吃到了在日本算是高級料理之一的哈密瓜火腿捲。那本來是義大利的菜餚，但因爲西班牙的哈密瓜很有嚼勁、配上鹹鹹的火腿眞是絕妙的搭配啊，若能再配上紅酒，簡直就是人間美食，這也是我們對這道佳餚共同的見解。

西班牙料理自有獨特的調理方法，再加上豐腴大地採收得來的農作物，更是好吃得不得了。在鄉下的餐廳點了萵苣沙拉，小小的萵苣切成四等分，僅是淋上溫溫的蒜炒橄欖油，卻洋溢著鮮脆的口感與濃郁的香氣，眞是令人還想要再來一盤。

食物美味的國家就是好國家，這是我們的想法。因爲吃到好吃的東西，就會有幸福的感覺，所以在我們的心目中，西班牙絕對是個好國家。

葡萄牙

Portuguese Republic

2003年8月15日▶
西班牙塞維亞(Seville)→里斯本(Lisbon)
8月17日▶
里斯本(Lisbon)→拿撒勒(Nazare)
8月20日▶
拿撒勒(Nazare)→里斯本(Lisbon)els)→巴黎(Paris)

1.充滿懷舊風情的里斯本街角。 **2.**位於辛特拉(Sintra)的莫爾城遺跡。 **3.**葡萄牙人的臉孔!? **4.**從拿撒勒的山丘眺望的海岸線。

世界彼端的這個生日

by 繪里

友和的生日愈來愈近了。來到葡萄牙後，我就一直爲這件事煩惱著。從出發旅行至今，已經是第二次迎接友和的生日了。好不容易又生日了，總是希望能好好爲他慶祝。儘管如此，在葡萄牙這個到處都是悠閒農村的國家，好像哪裡也找不到可以令人振奮的生日禮物。我是個喜歡藉著某些慶祝帶給別人驚喜的人，但兩人這樣旅行幾乎每天黏在一起，也根本沒時間偷偷地去買禮物。就那樣不知不覺中，友和的生日逐漸逼近了。

當時，我們滯留的地方是葡萄牙一個名叫「拿撒勒」(Nazare)的城鎮。根據旅遊指南上寫的，這裡是個「靜悄悄的漁村」，直到親自來到後，才知道好像葡萄牙國內所有避暑的人都湧進這裡了。穿著海灘裝的觀光客成群結隊地漫步在小鎮的街上，就像日本湘南海岸旺季時的感覺。在這樣的情況下，旅館當然也處於混亂中，光是尋找住宿就費了我們千辛萬苦，所到之處幾乎都是「客滿」。

我們抱著行李無可奈何地走在路上時，途中一群胖嘟嘟白人媽媽們朝我

們走了過來。她們經營所謂的民宿，也就是說可以讓觀光客住在自己家裡，再酌收費用。因爲拿撒勒有個魚市場，難得的機會我們當然希望能自己料理食物。「可以使用廚房嗎？」那群媽媽們之中裡最胖的一位很有自信地以葡萄牙語回答說「可以的」，她戴著黑框的眼鏡，一副就是老姑婆的樣子，「看起來有點可怕的樣子」。所謂的民宿最重要的就是與屋主合不合得來，想到這裡我們開始有些退怯了，但她似乎完全不以爲意，開始誇讚著自己的房子有多好。剎那間我們都聽得入神，待察覺時，竟已經不知不覺來到了她位在斜坡上的住家了。

那位媽媽用力地打開了大門說「請進！」並讓我們看了房間，當場我們都傻眼了，因爲確實是很漂亮啊，不過窗簾或床鋪都是那種粉紅色輕飄飄的布料，家具全都是白色或金色，壁面上排滿穿著華麗服飾的娃娃，總之就像是童話故事或少女漫畫裡出現的那種公主的房間。「怎麼樣呢？」我們的視線與胖媽媽對個正著，看見笑瞇瞇的她實在讓我們找不出拒絕的理由，原本是貧窮自助旅行者的我們，怎樣也想不到竟會住進了這般夢幻的房客裡。

儘管當初見面時那種蠻橫有些令人震撼，但其實胖媽媽非常親切又活

潑，所以我們立刻就習慣了在那裡的生活。當我從市場買東西回來時，她就會打開袋子問我買了什麼，然後笑嘻嘻地說：「這個好吃喔！」當我在使用廚房時，她也不會不高興，反而笑嘻嘻地說：「原來日本料理是這樣做的啊。」我試著做了些日本料理給她吃，她直說好吃，讓我樂不可支。友和則幾乎每天都買一瓶紅酒回來，然後和胖媽媽一起喝個精光。看見他們每晚喊著：「乾杯！」起鬨的模樣，簡直就像是母子一樣。

　無論是胖媽媽也好，過去以來與能夠相處融洽的人之間似乎都有個共通點，那就是超越語言的隔閡而得到溝通。我們完全不懂葡萄牙語，胖媽媽也只會說葡萄牙語。可是每晚卻能如此把酒言歡，眞是不可思議啊。與她相處之後，才了解到她的表現能力眞的很好，總是能巧妙地把事情物讓對方了解。例如以葡萄牙語詢問「妳幾歲？」時，當然是完全聽不懂了，但她則會指著自己女兒的照片，然後在紙上寫著「31」，接著又指指自己寫下「54」，最後再指著我好像是在說：「那妳呢？」於是我也就明白她是在問年齡了。這就是我們與胖媽媽的溝通方式。胖媽媽是個寡婦，遵照這個鎮上的傳統，她始終穿著黑色的衣服。女兒就住在距離這裡三個小時遠的地方。我們因爲旅行所以還沒有小孩；不久之後就是友和的生日了等等

的這些事情，我們都是每晚看著醉醺醺的友和，然後一邊說笑聊了起來。

有一天與胖媽媽外出上街，發現她簡直就像是鎮上的名人，走到哪裡都有人在跟她打招呼，然後她就很高興地指著我們說：「這些孩子現在住在我家呢！」走了一會兒，她帶我們進去一家咖啡館。似乎是她常去的地方，儘管身爲客人，卻一會兒擦著髒桌子、或是幫忙把空杯拿進廚房。待坐回座位喘口氣後，她問我們的名字該如何拼音呢。我們拿起旁邊的紙，在上面寫著「ERI」、「TOMO」，胖媽媽點點頭好像明白的樣子。

傍晚，我與友和回去時，剛好胖媽媽也回來了。她的手裡還抱著一個白色的大盒子，我問她是什麼，但她像個淘氣小孩似的，笑著要友和打開來看看。友和打開後，不禁露出了驚訝的表情。哇啊！原來是個大蛋糕啊，上面大大地寫著「PARABENS TOMO」的葡萄牙文，也就是「生日快樂，友和」的意思。原來中午時問我們的名字就是這個用意啊，她露出了得意的笑容。本來我已經放棄了要給友和意外的驚喜，沒想到卻更意外地收到了這份驚喜的禮物，我不禁緊緊地抱住了胖媽媽。

與胖媽媽分別時，實在很難過，當說出「我們走了」的瞬間，眼淚就從胖媽媽的大眼睛滾落了下來。看見此景，我也不禁哭了出來，就連平常幾

乎不哭的友和也把頭低了下去。過去到過那麼多的國家，也住過了許多地方，可是卻從來沒有過這次像家的感覺。將來，她家肯定依舊有不少旅行者來來去去。在她的親切接待下，每個人離去時肯定也都流下分別的眼淚吧。想到這裡，還真替經營民宿的她擔心，每次的分別難道不會都是一次的痛心嗎。不過胖媽媽肯定還是會以拿撒勒的媽媽自居，還是以溫暖的態度迎接每位旅行者吧。「我們一定還會再來玩喔！」與她約定後，我們就離開了拿撒勒的「家」了。

英國
United Kingdom of Great Britain and Northern Ireland

1.果然是英國！? 感覺很有品味的一家人。 2.騎馬隊警察在街上巡邏。 3.塔橋(Tower Bridge)的雄姿。 4.國王路(King's Road)是龐克的發源地。 5.在蘇活區(SOHO)看到的腳踏計程車。

Column

英國

友和

加勒比風情的嘉年華

在倫敦的諾丁丘(Notting Hill)，每年夏天都會舉行嘉年華會。原本是加勒比海諸島國遷移至英國的移民們所舉辦的節慶，也是在事事講究的倫敦，唯一得到正式准許的遊行活動。在嘉年華會期間，人潮擁擠到甚至連市內的部分地下鐵還無法通行呢。喜歡節慶的我們，繼德國的「愛的嘉年華會」之後，爲了配合此嘉年華會的時間而來到了英國倫敦。

會場裡，堆載在卡車上的大型喇叭震耳欲聾地播放著加勒比風情的音樂，人們隨著節奏開始在街上跳舞前進，雖然有點類似「愛的嘉年華會」，但果然還是多了南國活潑的氣氛。遊行隊伍的服裝非常豔麗，大多是黑人，黑色的肌膚與原色系鮮豔的服裝的確相當搭配。嘉年華會爲期兩天的時間，尤其是第一天的孩子們所組成的遊行隊伍，特別令人印象深刻。令我們想起了在非洲的時候，黑人小孩實在眞的太可愛了啊。

加勒比海諸國曾經是歐洲諸國的殖民地，過去飽受白人的壓制。因此，在倫敦生活的那些加勒比海諸國的移民，肯定也更能忍受生活上的困苦吧。嘉年華會上身爲主角的他們，個個神采奕奕，連我都想要分享他們的活潑與朝氣。倫敦雖被歸屬於紳士與淑女的白人世界，但在嘉年華會裡以黑人爲主的各色人種，隨著加勒比風情的節奏舞動在街道上的情景，卻也是倫敦不容忽視的一部分啊。

美國

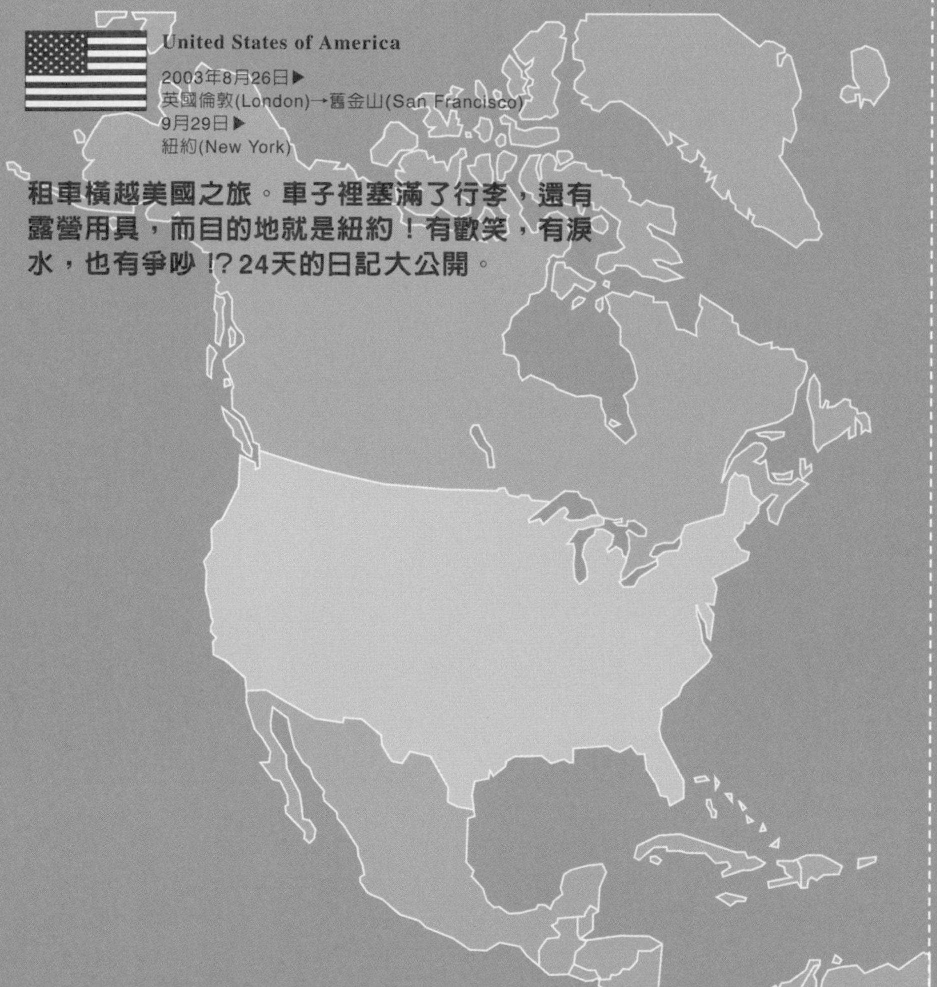

United States of America

2003年8月26日▶
英國倫敦(London)→舊金山(San Francisco)
9月29日▶
紐約(New York)

租車橫越美國之旅。車子裡塞滿了行李，還有露營用具，而目的地就是紐約！有歡笑，有淚水，也有爭吵 !? 24天的日記大公開。

GOAL
擁有
世界最高摩天樓的都市
終於來到嚮往中的都市！
無窮無盡的雪白沙漠
這裡究竟是哪個星球啊！
霧濛濛的綠色森林
小心大熊的出沒
紐約
New York
費城
Philadelphia
華盛頓特區
Washington D.C
哈里森堡
Harrisonburg
大煙山國家公園
Great Smoky Mountains
National Park
古色古香的南部也是
可口可樂的發祥地
參觀太空基地
(NASA) 夢想原來
是可以這麼廣大的
亞特蘭大
Atlanta
紐奧良
New Orleans
休士頓
Houston
充滿音樂的城市
毫無止盡的夜生活
開車橫越美國之旅MAP

START
風光明媚的港都
橫越之旅啟程了！
期待在沙漠的
賭城一擲千金
眼前出現了雄偉絕景讓
人感受到大自然的神奇
舊金山
San Francisco
莫洛灣
Morro Bay
拉斯維加斯
Las Vegas
大峽谷國家公園
Grand Canyon
洛杉磯
Los Angeles
白沙國家公園
White Sands
National Monument
鳳凰城
Phoenix
晴空、海風與
海灘的城市
美好的洛杉磯
艾爾帕索
El Paso
福特斯德頓
Fort Stockton
渡橋之後就是墨西哥與
美國文化交融的都市

第1天 9月6日(六) 友和

舊金山(加州)～**莫洛灣**(加州)
行駛距離：233哩(約373公里)

終於出發！

終於開始了租車橫斷之旅！從舊金山出發的我們，開著車朝向洛杉磯前進。上了高速公路後南下，沿路盡是蔚藍的海岸，美國西海岸擁有美麗的海洋。想起祖國日本就在太平洋的彼端，就覺得情緒澎湃。天氣晴朗，是開車兜風的好日子，沿著海岸線愉快的奔馳，在傍晚六點左右抵達一個面海的小鎮。由於海灘附近都有露營設施，今天我們打算就在這裡紮營過夜。這個營區的風景非常漂亮，徒步三十秒就可以到達海灘。我們坐在海邊欣賞著夕陽，回想過去，自從旅行以來似乎少有這樣悠閒欣賞夕陽的機會。晚餐自己料理，還喝光了三瓶啤酒。夜裡十一點鐘，我們聽著海浪聲進入夢鄉。

第2天 9月7日(日) 繪里

莫洛灣(加州)～**洛杉磯**(加州)
行駛距離：233哩(約373公里)

對動物而言……

早晨九點起床。儘管昨晚說好要八點左右起床，但還不至於太貪睡吧。走出帳篷，一望無盡的湛藍天空，以及舒服又冰冷的空氣，哇啊，眞的好舒服喔，也終於明白大家爲什麼那麼嚮往來到加州了。出發不久後，我又開始打瞌睡，醒來之後，看見開車的友和哭喪著臉，他說：「繪里睡著後，我看見有隻鹿被輾斃呢！」的確，走在公路上，經常可以看見不小心被車子輾斃的動物，例如鳥類或松鼠之類的小動物。這裡是海岸與高原交錯的熱門兜風路線，可是卻也造成動物們的困惑吧。愈接近洛杉磯，車流量也愈大。途中我們拿到的免費報紙上面寫著某家便宜的汽車旅館，於是我們就專程前往，沒想到竟已經倒閉了。幸好是開車，若是背著沉重的背包，一會兒搭公車一會兒搭電車到處尋找住宿，像今天這種情況恐怕夫婦兩人又要開始吵架了吧。我們找了十家左右的汽車旅館，終於住進了最便宜的一家。

第3天 9月8日(一) 友和

洛杉磯(加州)停留
行駛距離：49哩(約78公里)

觀光客出動

我們預定從今天開始停留在洛杉磯，首先到有名的「好萊塢」去看看。其實目標很好找尋，並不會太辛苦，不到五分鐘後，我們就發現了與照片一模一樣的地方了；接下來又去了中國電影城，站在最新電影也曾利用來做場景的中國風建築物前，與蝙蝠俠合影留念，沒想到竟被索取小費，只好心不甘情不願地拿出了一元美金。然後又再到知名的比佛利山莊，開車經過時，我們不斷發出讚嘆聲，啊，這個家好大啊，那個家好漂亮啊，完全變成了目瞪口呆的觀光客了。我們猶如置身在上流社會，然後在超高級購物街裡開車逛街，不過那裡果然不是屬於我們的地方。最後我們來到了聖塔莫妮卡海灘(Santa Monica Beach)欣賞日落，因西沉夕陽而染上淡淡粉紅的海洋，以及乘波逐流的衝浪客，那場景簡直就像畫般……

第4天 9月9日(二) 繪里

洛杉磯(加州)停留
行駛距離：94哩(約150公里)

在小東京的體會

今天並沒有特別的行程，若一定要說想去什麼地方的話，就是想去洛杉磯販賣日本食材的商店，趁機我們也想買到和風沙拉醬，這就是我們的小小願望(笑)。於是我們決定去洛杉磯最有名的日本人街「小東京」。原本想像中，那是個可以讓我們高呼祖國大日本萬歲的日本味十足的街道，但事實上卻完全相反。置身在美國國度裡的日本，顯得那麼的渺小，而且日本歐巴桑以不道地的英語交談著購買日本食材的模樣，彷彿窺見了那些過去的歷史，心情也爲之糾雜了起來。曾經聽過這樣的話：「美國沒有道道地地的美國人，大家都變成了美國人。」來到美國的都會後，的確令人有那樣的感受啊。

第5天 9月10日(三) 繪里

洛杉磯(加州)～
拉斯維加斯(內華達州)
行駛距離：284哩(約454公里)

美國夢

出發前，我們還以爲橫斷美國的汽車之旅會很無聊，沒想到處處可見人生的故事上演中。有時眼前會突然出現拖著自己家的車子、巨大的長拖車就跟隨在旁邊，也有時路邊還看得見滾落的輪胎。

今天我們要前往世界最大的賭城拉斯維加斯，行駛在公路上，我們一直期待著，突然就在一片沙漠之中，一座豪華的建築物矗立其中。街道上，到處都是旅館，還有閃爍豪華的霓虹燈。聽說這裡是個不得了的地方，不過，走在街道上覺得像到了遊樂園似的。在我們有生以來初次來到的賭城裡，賭徒們個個殺紅了眼，感覺這個傢伙那個傢伙隨時都會興致勃勃來賭上一把。不過，最後連我也加入了黑傑克的牌局了，主持人熟練地攤開紙牌，「嗯～7加4等於11，所以接下出的牌得超過10……」還在思索時，牌局竟然就結束了！我還不洩氣又準備坐到賭輪盤的座位上，主持人懷疑地要我拿出護照，因爲我看起來竟像不到二十一歲的小孩。該高興還是難過呢。看過護照之後，我終於可以參加賭局了，但總是玩不出興致(因爲根本沒有贏)，坐在隔壁的大嬸高聲歡呼著，看來是賭贏了。而我則默默地離開了，唉……

第6天 9月11日(四) 友和

拉斯維加斯(內華達州)停留
行駛距離：23哩(約37公里)

觀賞上空秀

「好不容易來到拉斯維加斯，就應該去看看表演啊～」於是我們翻開了各種表演指南手冊開始物色，終於發現了十元美金的優待券，而且是金髮美女的上空秀，還會一邊表演魔術。當然，在拉斯維加斯這種表演與日本那種色情表演是不同的，純粹是一種餘興娛樂……我就這樣安慰著自己前往會場了。若是普通女孩或許會覺得上空秀如何如何，但繪里也若無其事高高興興地準備看表演，而且意外的是會場裡竟也以女性觀眾居多。看完表演後，我們又去賭博，一邊喝著啤酒一邊默默轉動著吃角子老虎，看似簡單單純的動作，其實卻充滿了樂趣。反覆幾次小小的贏錢後，終於結束了賭局，結果還是小輸了十元美金，昨天也是如此，最後的勝負就留待明天吧。

第7天 9月12日(五) 繪里

拉斯維加斯(内華達州)停留
行駛距離：122哩(約195公里)

又是另一個名字

雖說是貧窮旅行，我們卻也在拉斯維加斯待到了第三天。出乎意料之外喜歡賭博的我們，或許會在這裡走向人生破滅的道路吧(笑)。今天還是賭博！徘徊在賭輪盤前時，看見了那位白髮且滄桑的主持人，咦，那個面孔……就在猶疑時，那位主持人也對我一笑！昨天深夜，在別家旅館時第一次參加黑傑克賭局時，就是這位主持人啊！

昨天他掛著「羅勃」的名牌，今天卻掛上了「威里希斯」的名牌。換了另外一個名字，感覺好像頗有隱情似的，我開始幻想著那究竟是怎樣的故事呢。而且，每次總是那麼恰好，選中的總是他主持的賭輪盤桌。不過即使如此，我還是沒有賭運，不一會兒就只得離開座位了，堅持最久的友和終究也是沒有成爲億萬富翁的命。雖然慘敗，但我們還是繼續進攻第三台賭盤。哈哈，將來有錢，還要再來。

第8天 9月13日(六) 友和

拉斯維加斯(内華達州)～
威廉鎮Williams(亞歷桑納州)
行駛距離：215哩(約344公里)

久違的吵架

終於離開了拉斯維加斯，準備前往大峽谷國家公園。由於前天晚上玩吃角子老虎玩得太晚了，即使十點才起床仍覺得睡眠不足。匆匆忙忙開始整理行李，一大早兩個人都心情惡劣。就在準備出發之際，竟發生了爭吵。起因就因爲我說了：「拜託把牙膏粉的蓋子關緊好嗎！」這樣微不足道的……，可是既然點燃了火苗就一發不可收拾，待留神時竟已經是下午兩點過後了。趕緊收拾情緒出發，但仍無法挽回過遲的事實。瞬間天色就變黑了，周圍一片落寞，甚至公路連路燈沒有，眞的蠻恐怖的。結果，還是無法到達大峽谷國家公園，只得在中途的威廉鎮尋找旅館。我們來到一家看似廉價的汽車旅館，櫃檯問我們有沒有優待券，其實根本沒有優待券，我們還是回答說有，終於住宿費有了優待。行徑雖有些狡猾，但還是有些小得意。最後兩個人還是笑嘻嘻地入睡了。

第9天 9月14日(日) 友和

威廉鎮Williams(亞歷桑納州)～
大峽谷國家公園(亞歷桑納州)
行駛距離：75哩(約120公里)

峽谷是剪髮的好地點

中午過後抵達了大峽谷國家公園，由於這裡地形曲折，所以限制的時速很慢，剛才還是時速八十哩(約一百三十公里)奔馳著，進入公園後就變成了時速十五至二十哩，拖拖拉拉行駛了一會兒，終於到了主要的景點。眼前雄偉的景觀，僅能以「大自然的奧妙」來形容吧。遙遠的彼端是綿延不絕的岩山，不過與其說是山，山谷會更爲恰當吧，看著腳下，谷底就那樣蔓延直到朦朧不清的遠方。爲了充分欣賞到這般的奇景，我們決定今天就住宿在國家公園內的露營區。搭好帳篷後，就在森林準備剪頭髮了。自從在非洲時由繪里代爲剪髮後，她的技術就愈來愈好了。在大峽谷剪頭髮，果然是最佳且規模最大的場所啊。有了個漂亮的髮型，從今而後應該都會很愉悅吧。

第10天 9月15日(一) 繪里

大峽谷國家公園(亞歷桑納州)～
鳳凰城Phoenix(亞歷桑納州)
行駛距離：256哩(約410公里)

單純的友和

穿著防風外套睡覺，依舊被冷醒了。爲什麼會這麼冷啊！一邊顫抖著一邊滾進了車子裡，把車子裡的暖氣開到最大、直到太陽出來爲止吧，但是，仔細一看，太陽不是早就出來了嗎！嗚嗚嗚……不過景色太美倒也令人安慰。之後，我們沿著谷底散步，但或許是太早起了，友和好像不太高興，一邊碎碎念一邊心不甘情不願地走著。結果一位在公園觀望的大叔問友和是不是哪裡不舒服，友和才終於笑了。然後大叔拿出了花生與葡萄乾給友和，他吃了之後頓時變得快樂了。眞是單純的人啊。下午，我們出發到以印地安人聖地而聞名的塞多納(Sedona)，塞多納到處都是紅色的岩山，整個鎭就包圍在峽谷間，讓人見識到西部小鎭的奇景。這裡的氣氛的確不太一樣，有種神聖的感覺(還是一種錯覺?)然後我們看著塞多納那座猶如火焰燃燒的岩山，朝著目的地鳳凰城前去。今天走了很多路，也開了很久的車。

第11天 9月16日(二) 繪里

鳳凰城Phoenix(亞歷桑納州)～
艾爾帕索El Paso(德州)
行駛距離：431哩(約690公里)

看到了舉手高呼萬歲的仙人掌

與昨天相同，依舊是酷熱。基本上，我喜歡炎熱的地方勝過寒冷的地方，但這樣的炎熱還是會讓人皺眉頭的。我們打開了車子的冷氣，然後準備出發。走出鳳凰城，接下來就是廣闊無邊的沙漠大地。突然發現了一棵長得像樹的東西……仔細一看，竟是仙人掌！就像西部背景的繪畫或漫畫裡的仙人掌，是兩手高舉歡呼萬歲的模樣，而且到處都是，眞是可愛極了。今天又開了很長的距離，終於平安到達艾爾帕索。以爲提早到達了，其實是跨越了州界，有了時差的關係，所以當時已經是深夜十點半鐘了。在國內竟還有時差，果然是廣大的美國啊，不過卻有種流失了時間的感覺……

第12天 9月17日(三) 繪里

艾爾帕索El Paso(德州)～
阿拉莫戈多Alamogordo(新墨西哥州)
行駛距離：149哩(約238公里)

墨西哥與白色沙漠

艾爾帕索是與墨西哥交界的城鎮，於是我們利用半天的時間去到墨西哥看看。「那座橋的彼端就是墨西哥了啊～」原來越過國境是如此簡單啊，也沒有檢查護照、也沒有檢查行李。不過，越過橋後，竟仿佛來到另一個空間。沿路上都閒晃的大叔或大哥們，還有肥胖的歐巴桑在路邊擺著首飾叫嚷招呼客人購買。在以車子代步的美國，路上幾乎看不見行走的路人，但這裡卻到處都是人。走進餐廳，英語是行不通的，來到墨西哥只能比手畫腳點菜，然後自己到冰箱取用飲料。

午後，經過了比剛才出國還要嚴苛幾百倍的入境審查後，又再度回到了美國，然後離開艾爾帕索繼續東行。傍晚前抵達了白沙國家公園。這裡一如其名，盡是白沙的沙漠，走到哪裡都是雪白的世界！像是雪景般，但其實不然。又充滿著夢幻。太陽西沉，白色的沙漠染上了粉紅色，哇啊，眞是漂亮。夕陽的海邊也很美，不過在沙漠看到的夕陽更是份外特別。太陽落下後，還可以欣賞到地平線的彼端緩緩地、緩緩地變成了藍色。

第13天 9月18日(四) 友和

阿拉莫戈多Alamogordo(新墨西哥州)～
福特斯德頓Fort Stockton(德州)
行駛距離：359哩(約574公里)

蝙蝠飛翔而去

出發後不久，就進入了森林地帶。剛才看到的都是乾燥的土地，久違的翠綠令人倍感新鮮。中途，由於道路施工，所以只能單向通行，我們排在車陣最後面，等待著逆向車道的車子行駛而過……眞是漫長啊！就在逆向車道的一列車陣過去後，竟已經等了十五分鐘。原來道路施工的路段竟綿延了十二哩(十九點二公里)之長，美國果然什麼都驚人。傍晚時分才抵達卡斯白洞穴國家公園(Carlsbad Caverns National Park)，不過卻已經到了關閉的時間。眞是太失望了，好不容易來到這裡啊……。雖然看見了蝙蝠從洞穴一湧飛出的畫面，依舊難以平復失望之情地駕車離去。最後在德州福特斯德頓的汽車旅館過夜。

第14天 9月19日(五) 繪里

福特斯德頓Fort Stockton(德州)～
休士頓Houston(德州)
行駛距離：559哩(約894公里)

奔馳德州

今天是行駛最長距離的一天，抵達目的地休士頓竟要五百哩(約八百公里)以上。原本打算在半路上吃早餐的，開著開著，來到下個城鎮已超過了一百哩(約一百六十公里)之遠。果然是美國的德州，接下來換我駕駛，但沿途的景色卻是這趟旅行以來最枯燥乏味的，盡是單調的荒野，旁邊也沒有行駛的車輛，只得不顧一切奔馳在公路上。我問友和：「我們是不是很酷？是不是很美國的樣子？」但旁邊的他卻早已睡著。啊～最後高速行駛抵達目的地時已經是晚上八點過後，我們開始尋找便宜的汽車旅館。對了，汽車旅館也是美國境內必有的設施，即使小鎮裡也少不了，看來大家都是開車旅行的吧。

第15天 9月20日(六) 友和

休士頓Houston(德州)～
巴特魯日Baton Rouge(路易斯安那州)
行駛距離：307哩(約491公里)

來到憧憬的太空

今天我們去了NASA，在NASA的廣大佔地裡也有對外公開的地方，有點像是主題樂園似的，於是我們去到那裡。也許是下雨的關係吧，儘管是週末卻幾乎沒有觀光客。入場券一人十七元美金。乘坐列車參觀NASA設施的旅遊團也蠻有趣的，所謂的太空果然是浪漫又酷。還可以與太空航行員的模型拍照留念，想必拍照後應該會沖洗，然後再出售吧。果然不錯，兩張照片再加上鑰匙圈就要索價二十元美金。不知道爲什麼就是很想得到，但想到那不過是數位相機拍攝的照片罷了，只好忍痛不買。自NASA回程的路上，繪里說死之前一定要去太空看看，那時的她像個孩子似的，好吧，環遊世界之後再環遊太空吧，好像挺不賴的。

第16天 9月21日(日) 繪里

巴特魯日Baton Rouge(路易斯安那州)～
紐奧良New Orleans(路易斯安那州)
行駛距離：108哩(約165公里)

充滿音樂的城市

來到南部，黑人突然開始變多了。儘管說是自由國度的美國，但事實上感覺還是依照地區區分種族的。來到嚮往的紐奧良，雖予人音樂之都的美好印象，但背地裡卻也有治安惡劣的隱憂。中途，由於開始下雨，我們跑進了CD店躲雨，有一位日本男生也在躲雨。原來是住在當地、名叫米吉的男生，我們跟著他去看現場演奏。那裡是紐奧良最危險的地區，也是當地人常去的俱樂部，我們戒愼恐懼地跟隨而去，不過那個爵士樂團的演奏眞是棒極了，最後我們完全沉浸其中。而後又到法國區，歐式的建築很適合散步閒晃。美國的街道尺寸比例巨大，有時很多地方反而不方便行走，對自助旅行者而言，紐奧良卻是難能可貴的旅行之地，又能吃到生蠔或大雜燴等有名的菜餚，也能聽到多家的現場演奏。今天玩得很愉快。

第17天 9月22日(一) 繪里

紐奧良New Orleans
(路易斯安那州)停留
行駛距離：30哩(約48公里)

「龍蝦啊……」

我們去拜訪了昨天認識的米吉的家，結果他朋友也來了，是個很有趣的黑人。不過，紐奧良的口音很重，實在很難聽懂，就在努力聽著時，他也告訴我們許多紐奧良的美好之處。美國人的地區意識強烈，紐奧良人更為明顯。午後我們去吃紐奧良著名的龍蝦，原本友和不太敢吃，不過那個模樣似乎很好吃的樣子。實際品嘗後，吃法不僅與普通的蝦子相同，味道也比蝦子更鮮美，而且一點也不會臭。入夜後米吉又邀我們去聽現場演奏，這次是格局較小但好聽的爵士樂，那位盲眼的鋼琴家揮動著跳舞般的手指，演奏出完美卻又激烈的曲調。回到旅館時已經是翌日了，今天玩得還是很愉快。

第18天 9月23日(二) 友和

紐奧良New Orleans(路易斯安那州)～
亞特蘭大Atlanta(喬治亞州)
行駛距離：493哩(約789公里)

勝利的美酒

昨晚上網看了一下，原來亞特蘭大有大聯盟的比賽。於是臨時決定去看棒球。一路北上，行駛了五百哩(約八百公里)的漫長路程，終於抵達了亞特蘭大。若以此速度再前往球場，恐怕會趕不及球賽開賽吧……。不過仔細想想，所謂的八百公里相當於東京到廣島的距離。如果今天廣島有比賽，我們會特意從東京驅車前往嗎？想到此，或許我們的距離感也入境隨俗了吧。「亞特蘭大‧勇士隊」是每年地區必定優勝的堅強球隊，因此也擁有很多球迷，我們也裝作勇士隊的球迷加入助陣的行列。看看隔壁，本來對棒球不太有興趣的繪里似乎也很投入的模樣，果然是很容易受影響的人啊(笑)。最後是勇士隊獲得優勝，我們離開球場後，在附近的汽車旅館投宿，並動手做晚餐，然後也為勝利乾杯。

第19天 9月24日(三) 友和

亞特蘭大Atlanta(喬治亞州)～
鴿子谷Pigeon Forge(田納西州)
行駛距離：265哩(約424公里)

世界的可口可樂

今天去參觀著名的可口可樂博物館。亞特蘭大是可口可樂的發祥地，博物館以解說可口可樂的歷史為起頭，然後是瓶子的演變，以及歷年的廣告海報展覽，也販售周邊商品等。展示場景一如先前所想像的。其中，又以介紹世界各國的可口可樂展示區最吸引我們的注意，也令人感受到可口可樂真是世界通用的飲料。痛快試喝可口可樂後，肚子咕嚕咕嚕的我們再度開車往北走，目標是大煙山國家公園。不過，力氣已用盡了，只能抵達目的地的前一個城鎮而已，不得以只好又投宿便宜的汽車旅館。

第20天 9月25日(四) 繪里

鴿子谷Pigeon Forge(田納西州)～
大煙山國家公園(田納西州)
行駛距離：127哩(約203公里)

露營的悲喜交集

終於前往了大煙山！不過又是匆忙倉皇的出發。以為是雄偉的國家公園，原來竟有點像日本的輕井澤，是個不好也不壞的觀光勝地。我們是不是來錯了地方……儘管這麼想著，還是耗費一個小時的時間終於抵達露營區。眼前是潺潺的小溪，還有適度的樹蔭，感覺還蠻舒服的。稍早的不安已煙消雲散了。想到露營就想到烤肉吧，於是買了肉和蔬菜，不過真的動手做時才發現火勢根本不足，而且買來的醬汁又很難吃。本來擔心不好吃，所以還特地買了兩種不同種類的醬汁，但沒想到兩種都很難吃……(哭)。吃飽後我們藉著營火取暖，這裡與日本的露營區不同，到處都可以生火，友和也樂得像孩子似的玩著火，我則用錫箔紙包住馬鈴薯，準備做烤薯看看。記得營區入口寫著「熊會在夜裡出沒，請小心存放食物。」……但我們好像完全忘了那段話，就那樣入睡了。

第21天 9月26日(五) 友和

大煙山國家公園(田納西州)～
哈里森堡Harrisonburg(維吉尼亞州)
行駛距離：385哩(約616公里)

美式的購物

離開大煙山之後，因爲繪里說想要一件新的羊毛外套，所以我們就到附近的暢貨購物中心看看，然後也見識到美國人購買的本領。就像在超級市場購物般一邊推著推車一邊逛街，而且每個人的推車裡就像購買食品一樣堆滿了衣服。不僅是消費者的購買能力驚人，就連銷售也很驚人。例如：「T恤三件二十元美金！」、「購買兩雙鞋子，第三雙免費！」等等，不過眞的有人一次買三雙鞋子嗎？可是，大家似乎眞的拼命買著。而後上了公路，進入維吉尼亞州，不久就是東海岸了。這附近綠意盎然，街道與街道之間較爲狹窄，感覺就像行駛在日本的高速公路上。與內華達州的沙漠或德州的荒野相較起來，老實說反而是無趣的景色。

第22天 9月27日(六) 繪里

哈里森堡Harrisonburg(維吉尼亞州)～
華盛頓特區Washington D.C.
行駛距離：227哩(約363公里)

與日本來的友人相會

中午過後，在抵達華盛頓特區前我們就開始尋找住宿的地方。來到這裡，住宿費用支出突然變多了，無可奈何之下，只好在中途找尋露營區。趕緊紮營後，我們又再度驅車，因爲今天要與日本來的朋友見面。由於離約定的時間尚早，我們就到白宮去看看，果然柵欄外都是張望的觀光客。每天總有來自世界各地的人們在自家門口張望，想到這裡，覺得美國總統也蠻可憐的。傍晚七點鐘，我們見到了朋友，她第一句話就說：「完全沒有變啊～」或許穿著破破爛爛的嬉皮裝會更好些吧。由於附近有中國城，於是大家就去吃中國菜，也爲久違的相會乾杯！像這樣能在國外與朋友相聚，感覺還蠻特別的。我們在朋友住宿的高級飯店門口道別，然後在傾盆大雨中返回郊區的營區。似乎明顯感覺彼此之間的身分差異，不過鑽進潮濕的帳篷裡，卻也很快地進入夢鄉了。

第23天 9月28日(日) 友和

華盛頓特區Washington D.C.～
費城Philadelpfia(賓夕法尼亞州)
行駛距離：219哩(約350公里)

在天鵝湖的天婦羅盛宴

明天就要抵達紐約了，也就是說今晚是最後一個晚上，當然要準備豐盛的戶外晚餐！因爲我們前往了費城近郊的露營區，想起來，這趟橫斷之旅，我好像也開始喜歡露營了，畢竟美國露營區的風景總是特別的優美。今天的營區也是朝向湖畔，日落時，整座森林都染上了粉紅色，湖面也閃閃發亮。由於太美了，也讓我看得忘神了。終於天空完全變黑了，出現了弦月，儘管居於都會附近，卻也出現了滿天閃耀的星星。點了燈開始準備晚餐，今天的佳餚是天婦羅。天婦羅的做法簡單，果然很適合做爲露營的食物。肥美的蝦子與河魚眞的好好吃，而今天的啤酒也特別好喝！飯後又開始生火玩火，由於周遭十分寧靜，在滿點星空下，僅聽見蟲鳴、天鵝在湖面拍動翅膀的聲音、還有營火熊熊火焰的聲音。幸福的橫斷之旅的最後一晚。

第24天 9月29日(一) 友和

費城Philadelpfia(賓夕法尼亞州)～
紐約New York(紐約州)
行駛距離：121哩(約194公里)

夢想中的摩天樓

漫長的橫斷美國之旅終於抵達了終點，一路上庇祐我們的愛車雪弗蘭也要在今天分別了。我們圍著車拍照留影紀念後就準備出發，距離紐約還不到一百哩的路程，但因爲塞車車速相當緩慢。在抵達紐約之前，先尋找住宿，由於曼哈頓的住宿費用昂貴，於是就預約隔壁城鎭紐澤西的汽車旅館。預約好後，我們將車子裡的行李全部拿了出來，然後準備再到曼哈頓去。終於看見了摩天樓了！興奮了沒多久，在橫越哈得森河(Hudson River)進入紐約的隧道裡就開始大塞車了，壓抑著情緒握緊方向盤，就那樣忍耐了一個小時，終於走出了隧道，到達紐約！

折服於都會的風情，一邊緩慢地行駛在道路上，卻被後面來車按了好多次喇叭，簡直就像鄉下人入大都市般。平安抵達租車屋，交還了租車，那位黑人的營業員緊張地詢問我們到底行駛了多少路程，然後一邊慌張地查看車子的碼表，根據計算(包含橫斷美國大陸之前略微行駛的部分)總共是六千三百六十九哩，也就是一萬公里以上。美國果然是廣大啊。

結束橫越美國的汽車之旅 繪里

「好想去紐約喔！」雖然有些無聊，不過我們之所以嚮往開車橫斷美國，完全是受到那個「橫斷美國機智問答」的節目所影響，在那個節目中，隨著參加者逐漸淘汰而漸漸逼近終點紐約，現在想起來，那個節目其實是充滿了旅行的趣味。如此說來，「旅行是一種遊戲的延長」，一直是我們對於旅行的執著。聽起來好像很酷，其實我們一點也不想去做些太辛苦的事。基本上，旅行應該是樂在其中的，而不是刻意制訂目標，並爲了達到目標而去克服什麼，我們秉持的就是這樣的想法。不過，「開車橫斷美國大陸」卻是旅行前就計畫好的，也就是說，那是我們這趟旅行中唯一像是目標的目標。

「途中，你們就會覺得厭煩了。」當然我們也會聽到類似那樣的意見，事實上在啓程前，甚至也出現「就算中途半途而廢，但盡力就好」的安慰聲音。不過眞正開始後，我們反而覺得挺有趣的。基本上，我想因爲我們兩人都喜歡開車兜風，再加上美國的什麼都很大，足以讓人深深的著迷。例如途中休息站點的可樂是如此的巨大，或是簡直與住家沒什麼兩樣的美式休旅車，或是無窮無盡的地平線，每當看到那些，就會爲了美國的巨大而感到新奇。

開車其實有很多好處，過去我們肩負著沉重的行李四處移動，但是若有車子，不僅是行李甚至行李箱都擺得下去，對於喜歡輕便自在的我們，是再適合也不過了。儘管如此，我們卻因爲樂得輕鬆自在，也不小心逐漸增加了行李的負擔。在紐約還車之後，我們的煩惱就是該如何運載那些行李。而且，有車子的話就可到達自己想去的地方啊。過去搭乘火車時，看見漂亮的景點，就會想下車走走看看，但火車疾駛而過，眼前的景色也稍縱即失。有了車子，簡簡單單就可以下車了。

在美國，出乎意料之外的，背著背包靠著大眾交通工具移動的旅行者比率並不高。由於這裡地幅廣闊，移動時間漫長，同時物價也相對提高。雖然我們去到的地方都不是些值得炫耀的祕境，也少有歷史悠久的建築物或遺跡。但是，在美國，廣闊的景色足以消彌那種主觀意識，還有美國人特有的大而化之，老實說，這裡比想像中還要有趣，美國的兜風之旅，眞是太棒了！

中南美洲

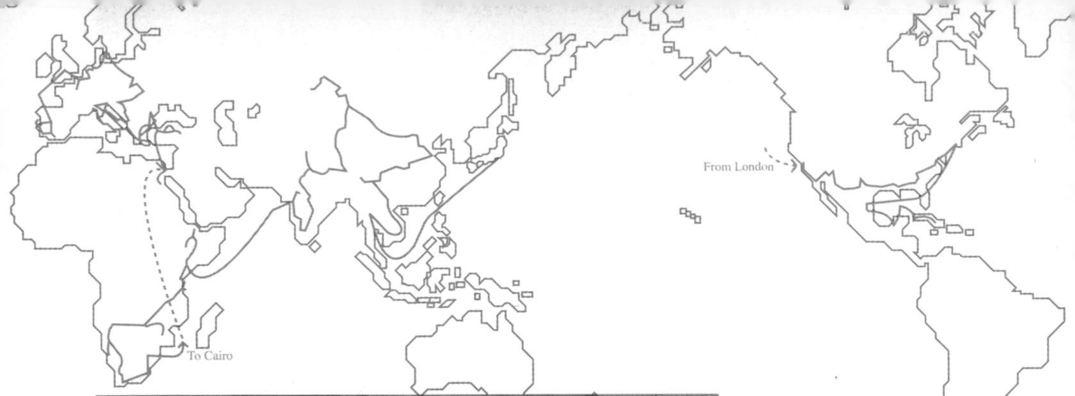

1

2

1.洋溢著音樂與舞蹈的哈瓦那。 2.這裡有名的三輪計程車。 3.或許是混血的緣故，小孩子都很可愛。

3

古巴

Republic of Cuba

2003年10月12日 ▶ 墨西哥坎肯(Cancun)→哈瓦那(Havana)
10月13日 ▶ 哈瓦那(Havana)→千里達小鎮遺跡(Trinidad)
10月15日 ▶ 千里達小鎮遺跡(Trinidad)→哈瓦那(Havana)

4.宛如電影場景般的哈瓦那街景。 5.萊姆酒哈瓦那俱樂部。 6.古都千里達小鎮是個樸實的小鎮。 7.學會抽菸的友和。

4

7

5

6

加勒比海島嶼的力量

by 繪里

「怎麼好像『北斗之拳』那部電影的舞台啊？」這是抵達古巴首都哈瓦那時的第一印象。提到古巴，就會想起電影般的畫面，古董車子瀟灑地奔馳著，瀰漫著浪漫情懷的街道，或是從街角流洩而出的獨特音樂。但是，實際來到哈瓦那的舊街道時，由於當地的街道太過破舊，使我們受到極大的衝擊。陳舊的殖民地時代建築的確引人思幽古之情，但卻不是歐洲那種「珍惜古物」的感覺，而是「沒有多餘的金錢整修，所以等到發覺時已經變很舊了」。猶如身處在廢墟的街道般，若是再加上毫無人煙，恐怕從小巷裡冒出了原始人也不覺得奇怪。街道上的確有古董車奔馳的場景，與其美名說是古董，也許還不如說是因爲買不起新車，而始終開著舊車直到變成了古董車。

古巴，是個比我們想像中還要貧窮的國家。在街上踱步時，我完全沒有出現那種「啊！好想買喔！」或者「啊！好想吃喔」的時候。據說，這個

國家的平均月收入竟只有十二元美金，直到如今食物依舊屬於配給制，所以外面販賣的食物，僅有偶而看到的乾扁麵包做成的三明治，或是色彩艷麗可疑的玉米所做成的冰淇淋而已。巴西最熱鬧的街道雖也是商店林立，但店裡展示的商品卻好像日本昭和三十年代的陣容。那些稱做「百貨公司」的商店裡的櫥窗，僅散落地展示著一些不知所以然的機器零件，整體看來仍是空空蕩蕩。在那裡總有著「古巴眞是個有氣氛的地方」般自以爲是的氣氛，痛痛快快地傳達出，這個國家並不是我們所知道的資本主義社會，而是清清楚楚的社會主義國家。

儘管如此，若以爲哈那瓦的氣氛是陰沉的話，那就大錯特錯了。走在猶如廢墟般的街道上的人們有黑人、白人、混血或各種膚色的人種，大家都穿著看起來廉價顏色強烈的服裝，不過卻意外地與街景的氣氛相融洽。街角的歐巴桑們正七嘴八舌的東家長西家短，言談間盡是歡笑聲。聽說在古巴，女孩看見外國的男生時會搭訕說：「要一起玩嗎？那麼，就給我錢吧！」我們旅途中遇見一位男性的旅遊者，他的確被街上的女孩搭訕說：「五十元美金，怎麼樣呢？」那個男生苦笑著說他斷然地拒絕了，但她卻笑嘻嘻地說：「那麼，只要四元美元好了！」在古巴確實流傳那樣的事

情，我們不禁感到不可思議：「古巴，眞是與過去所到的國家完全不同啊。」

在古巴停留的期間，我們只去過千里達小鎭遺跡，其餘的時間幾乎都是在哈瓦那度過。古巴的確沒什麼好玩的，但卻有音樂。儘管是個相當貧困的國家，但與其它的加勒比海諸國比較起來反倒是治安良好，半夜也能安全外出。我們每個夜晚幾乎都是在哈瓦那的俱樂部或即興演奏酒吧中渡過。音樂固然很有趣，最棒的還是要算古巴的舞蹈。在號稱哈瓦那屬一屬二的俱樂部裡，兩點過後才是重頭戲，舞台上的表演者高喊著：「可愛的女孩們，快上來吧！」結果那些本來在台下跳舞的普通女孩紛紛走上了舞台，每個人配合著音樂，展露自己最棒的舞姿，就像一場「扭腰擺臀的舞蹈大賽」。

以爲只有舞台上那個看似像模特兒的女孩，才會展現出腰部以下極具官能的搖擺，但沒想到那個有著大屁股的老女人也正用力搖著屁股。而且大家都受到舞台的引誘，紛紛嚷著：「我也要上去、我也要上去！」然後不顧一切奔向舞台。無論是在一旁觀看的觀光客或老少男女，大家也跟著扭腰擺臀。那種扭腰擺臀的模樣，足以看得令人失神，就連一旁的友和也看

得目光呆滯，「那個扭勁，究竟是如何辦到的？」我與友和試著擺動了一下，但就是與古巴人完全不一樣。也許那些人身上的DNA裡刻劃著節奏與舞蹈的天份吧。

滯留期間，也發生了一件足以代表古巴的事件。因爲聽說白天有個可以觀賞到倫巴舞的活動，於是趕了過去，當時我剛好在市集買了一個陶瓷裝飾品，然後放在袋子裡專心地看著舞蹈。廣場上穿著舞衣的男男女女開始跳舞，圍觀者也隨之搖動著身體。就在我也想跟著起舞時，那個裝有陶製裝飾品的袋子突然掉落下來，滾落在地上發出了不太悅耳的聲音。我恐懼地打開袋子，果然那個陶瓷破碎了，而且恐怕已不能修復。雖說僅是一美元的價值，但卻是考慮很久才買的，而且才買來不到一小時呢。看到此景，友和一副事不關己的模樣，我簡直快哭了……。失落之際，剛才隔壁會講英文的古巴女孩貼近我耳朵說著：「妳應該要高興啊！」面對我的悵然失望，她依舊微笑著：「在古巴啊，當東西壞掉時，就表示這東西爲自己止住了即將發生的災難。原本是你會遇到災難的，如今這東西代替妳承受了災難，所以妳應該要高興！」

聽到之後，突然感覺到古巴人擁有一股深不可測的力量。古巴絕不是富

裕的國家，在政治方面也有有被世界孤立的感覺，老實說，在資本主義主宰世界的今日，不禁令人懷疑這樣的國家要如何永續存在下去呢？但是，古巴人卻毫不畏懼，依舊保持頑強與堅毅不拔的樂觀。無論是告訴我「當東西壞掉時反而是好事」的古巴女孩，還有那些爭相「我也要上去！我也要上去！」的女孩們，大家都是那麼閃爍動人。總覺得，即使古巴沒有了明天，但是古巴人的明天卻終究會到來的。

墨西哥

United Mexican States

2003年10月7日▶
紐約(New York)→墨西哥城(Mexican City)→坎肯(Cancun)
10月9日▶ 坎肯(Cancun)→女子島(Isla Mujeres)
10月12日▶ 坎肯(Cancun)→古巴哈瓦那(Havana)
～停留古巴～
10月19日▶ 古巴哈瓦那(Havana)→坎肯(Cancun)
10月21日▶ 坎肯(Cancun)→馬雅遺址(Chichen Itza)→麥里達(Merida)
10月22日▶ 麥里達(Merida)→坎佩切(Campeche)
10月23日▶ 坎佩切(Campeche)→帕連克(Palanque)
10月25日▶ 帕連克(Palanque)→聖克理斯特巴家莊(San Cristobal de las Casas)
10月28日▶ 聖克理斯特巴家莊(San Cristobal de las Casas)→哈瓦卡省(Oaxaca)
11月5日▶ 哈瓦卡省(Oaxaca)→墨西哥城(Mexican City)

教會也帶墨西哥風？

1.製作墨西哥玉米圓餅的大姐。 2.在加勒比海(Caribbean Sea)上的島嶼。 3.在墨西哥不可或缺的植物：仙人掌。

雞蛋、可樂與骷髏

by 繪里

走在幽暗的街道時，多家掛著橘紅色燈光的攤販突如其然地出現在眼前，最裡頭有一個大門，往那裡穿進去後，眼前出現的彷彿是另一個更寬廣的世界。那裡點著無數的蠟燭，襯著柔和的燭火，人們手捧著鮮花談笑著。這是多麼羅曼蒂克的場景啊……如果這裡不是墳墓就好了。

我們來到了墨西哥那個地名唸起來繞舌、且又臭又長的聖克理斯特巴家莊的街道。墨西哥其實是個挺有趣的國家，擁有比鄰加勒比海的坎肯渡假聖地，以及附近的美麗海灘，更有著名的馬雅遺跡的金字塔等；另一方面墨西哥城也是世界知名的大城市。料理很美味，水果種類豐富，傳統手工藝品也令人愛不釋手。總之這個國家眞是多彩多姿，盡是可看之處，即使這裡的人們也是如此。以爲所謂的「墨西哥人」就是黑髮黑眼五官立體的人們，但其實還有稱爲「印第安那」的原住民。我們初次來到墨西哥就與印第安那人接觸，對於他們的一切感到相當好奇。因爲，他們的容貌與日

本人相同，同屬蒙古人種，平時他們身著的民族服裝，則與西藏民族的服裝相似。

我們在聖克理斯特巴家莊的街道迎接「死者之日」的到來。所謂的「死者之日」，與那個恐怖的名稱完全不符，其實是某種的傳統祭典。此祭典是爲了祭祀死去的祖先，有點類似日本的「中元節」。墨西哥人會配合這天的來到而返回家鄉，這點倒是與日本的習慣相似。不過，最前面曾提到墓地插滿了蠟燭，羅曼蒂克的朦朧氣氛，甚至還有些人家把酒言歡，卻完全不像日本嚴肅的掃墓中元節。而且坐在墓地家族看見觀光客不斷按下快門照相時，也一臉喜悅般的神情，仿佛說著：「怎麼樣，很漂亮吧！」那種奇異的感覺的確是日本人所難以體會的，具有某種獨特的風味，讓我備感感動。

說到獨特，「死者之日」的前一天，在恰帕斯州(San Juan Chamula)看到的教會也非常獨特。恰帕斯州是原住民印第安那以前居住的地方，此村落的中央區域就間塗著白色與水藍顏色的教堂。乍看之下是一間樸素的教堂，往裡頭一看，我卻差點叫了出來。既然是教堂，一般而言應該擺有禮拜用的長椅子，但這裡卻連一張椅子都沒有，取而代之的是祭壇，還有教

會裡點燃的無數蠟燭，而且地板上盡是猶如綠色小珠串的松樹葉，襯著難以數盡的蠟燭之搖曳燈火。在那千盞的燈火裡，穿著傳統服飾的印第安那人們一起在頌誦著類似經文般的東西。那個姿勢有點像是神祕宗教的儀式，感覺非常怪異。一旁的歐美的觀光客興奮地喃喃自語著：「眞是太奇幻了，太棒了！」但我們卻對那樣虛幻的氣氛而震驚不已。

我們看了看四周，剛好看見一家印第安那人正走進來準備找尋地點做儀式，那位像似大家長的男子手拿著一百支以上的蠟燭，宛如在工廠輸送線工作的工人般機械般的點燃蠟燭，然後排列在地板上。接著那位大家長又從小袋子裡取出了什麼似的，結果竟然是裝有雞蛋與可樂的盆子。那位大家長恭敬地將雞蛋與可樂放置在蠟燭前，緩緩地開始頌經，然後帶著奇妙的神色轉動著雞蛋。友和小聲地說著：「啊！好奇怪啊！」我也深有同感。待動作完畢後，那位家長又把可樂一點一點地潑灑在地上，最後如同分享「聖水」般全家輪流喝著。再往另一邊看，旁邊的另一個家族也虔誠地喝著百事可樂，對面另一個家族則是喝著芬達汽水。不過，這個承襲舊日傳統的原住民村落，爲何做禮拜時要用到「可樂」呢？滿腦子都是問號

啊。之後，詢問了住宿旅館的人，原來這個村落融合了自古以來的土著宗教與基督教，所以產生了那種獨特的儀式。可是融合之後，爲何可樂卻變成了神聖的東西，倒是令人匪夷所思啊。

「死者之日」對於身爲日本人的我們來說充滿了不可思議，就連「死者之日」這個祭典的名稱，就宛如黑色彌撒般予人灰色的印象，而且最震撼的是以骷髏爲祭典之特色。雖然明白「死者＝骷髏」，但那樣未免也太徹底了吧，也引起了我的好奇。「死者之日」除了到墓地祭拜外，也有喬裝的遊行活動。市集裡販賣著以骷髏爲主的各種喬裝用的商品。除了喬裝專用的商品之外，還有骷髏造型的糖果餅乾或骷髏玩具，甚至是骷髏的海報，簡直就是「骷髏市場」。而且，祭典前的街頭到處就是裝飾的骷髏人偶，聽說此祭典的另一名稱是「骷髏祭典」，我終於了解爲什麼了。

受到此祭典的影響，我們也毫不猶豫地參加喬裝的遊行。市集裡除了販售骷髏造型之外，也賣科學怪人、吸血鬼或布希總統等各式各樣的面具。「在這裡就是要以原有的造型決勝負！」所以我們最後還是買了骷髏的面具。一個面具約十五比索(約一百五十日圓)雖價格便宜，但服裝卻相當昂貴。大約也只能使用那麼一次，日後就會變成爲了包袱負擔……。正在煩

CORAZONDEL

惱之際，我的目光不禁停留在市場裡的某個東西。那是個全黑的垃圾袋。「喂，如果再加工一下，就可以變成披風了，不是嗎？」外表看似手腳不靈巧的我，其實是熱愛自己動手做東西的人。我覺得自己想出了個好主意，但友和卻皺著眉頭說：「妳不覺得太小氣寒酸了嗎？」不過，最後我們還是臣服於價錢的份上，終於買了垃圾袋。遊行的當天，經過三個小時加工後，那個垃圾袋竟意外地變得漂亮極了。果然費盡心血後誰也看不出那是塑膠袋加工後的披風，披上這個再戴上面具，怎麼看都像是「死神」。我們試裝後在旅館走來走去，不論誰看到的都忍不住稱讚說「做得眞好啊」，我高興得更是來回走個不停。

遊行是在當天傍晚六點以後舉行，遊行隊伍裡既有變裝者，也有拿著照相機拼命拍照的觀光客。移動隊伍的中央是銅管樂隊，演奏著輕快的音樂，大家一邊配合著音樂起舞，一邊朝著某個方向緩步前進。而目標……就是墓地。觀光客拼命地對我們拍照，而我們則與喬裝成骷髏的印第安那姐姐手牽著手，一起發出鬼叫聲朝著墓地邁進。隊伍中也有手拿著酒壺配合著樂隊大聲唱歌的老人，是的，在日本所謂的「死者」帶有強烈的消極之意，然後在墨西哥的「死者之日」卻是充滿朝氣的。各種具有特色的骷

髏人，跳舞飲酒作樂，絲毫沒有灰暗的氣氛。

祭典期間，我們碰巧有機會與一位出身墨西哥、但住在美國聖地牙哥的女性聊天，她笑著說雖取得了居留權，已經變成了美國公民，但心卻還是墨西哥人的模樣。我告訴她：「儘管是『死者之日』，但卻是充滿歡樂啊。」她微笑地回答說：「死者之日不是對死亡的恐懼，反而是爲了慶祝死亡的日子啊。對於墨西哥人來說，死亡不是結束，是生命的延續，並不值得害怕。」總覺得這話裡蘊含著墨西哥人對於人生的積極態度，也讓我愈來愈喜歡墨西哥這個國家了。

1.空中都市馬丘比丘聖城(Machu Picchu)就在眼前！ 2.印加帝國的旗幟以彩虹為象徵。 3.主食是稻米，也有類似茶泡飯的食物。 4.在的的喀喀湖(Titicaca Lake)的烏羅島(Uros)。 5.容貌與日本人相似的印第安那小孩。 6.利馬的中央，戰爭廣場(Plaza de Armas)。

祕魯

Republic of Peru

2003年11月10日▶
墨西哥城(Mexican City)→利馬(Lima)
11月12日▶
利馬(Lima)→那斯卡(Nazca)
11月13日▶
那斯卡(Nazca)→阿雷基帕(Arequipa)
11月15日▶
阿雷基帕(Arequipa)→庫斯科(Cusco)
11月29日▶
庫斯科(Cusco)→普諾(Puno)

羅那烏杜的笑容

by 友和

原本是準備小心謹慎的，但事件實在來得太突然了。

那時我們正從祕魯首都利馬搭乘前往神祕「那斯卡線條」的巴士，因爲那天出發得很早，所以我們一就位就呼呼大睡了。實在睡得太熟了，待睜開眼睛時，巴士已經行駛在沙漠中了。睡前的景象還是大都會的利馬，竟在不知不覺中變了樣，眞是不可思議啊。

本想要從袋子裡取出地圖確認方向，於是伸手拿取放在腳邊的袋子時，咦？怎麼這麼輕，心中有股不祥預感，趕緊打開袋子，啊！沒有了沒有了！明明應該在裡面的東西已經不見了。我趕緊叫醒睡得正熟的繪里：「……哦，什麼？」「不見了啊……我的筆記型電腦不見了啊……」「喔？什麼！」

我們立刻比手畫腳向巴士的車掌說明原委，卻始終說不清楚。我仔細環伺了周遭，發現坐在我正後方的一位大叔不見了……犯人就是那位大叔了！他一定是趁我們睡覺時把袋子往後拉扯，然後拿走裡面的東西。那位大叔應該已經下車了，我們連趁勝追擊的機會也沒有了。

東西被偷了……持續一年以上的旅行直到現在，老是聽到了這句話，無論是在亞洲、非洲、歐洲、中南美洲，自助旅行者所說的「被偷了」，指的就是就算被搶劫或被偷竊而拿走了行李或金錢等，對大多數被偷走東西的旅行者而言，總會覺得「爲什麼偏偏是我呢……」不可否認地，我們也曾以爲「只要小心一點，應該就不會被偷了」。但誰也想不到，竟然就發生在我們的身上了。

這次被偷走的筆記型電腦，是我們攜帶物品中最高價的東西。裡面有作成的旅遊網頁，儲存著數位相機拍下的照片，是這趟旅行中不可缺少的重要工具，對我們來說猶如是具有特別意義的寶物。爲了怕弄壞我們在搬運時會特別小心翼翼，也爲了避人耳目而慎重地小心看護。但是……最後還是被偷了……

巴士依舊行駛在毫無盡頭似的沙漠裡，甚至連中途休息站也沒有，不停地往前行駛。平常我們可能會爲了眼前的美景而驚嘆，但如今我們的心情竟如同沙漠般乾涸。「……」我們彼此陷入許久許久的沉默，最後我因爲過於懊悔忍不住要哭了出來，恐怕是無法再繼續這趟旅行了吧，我心裡想著。

終於抵達了目的地那斯卡，我們立刻飛奔至警察局向警察哭訴，但被偷走的東西也不可能馬上物歸原主吧。但爲了申請保險補償，所以不得不塡寫些文件。拜聞名世界的神祕地上線條所賜，那斯卡因而成爲觀光勝地，走在街上，盡是招攬住宿、餐廳或參加旅行團的皮條客。在我們前往警局的途中，就曾多次被皮條客圍住。不過，託遭竊這樣的危機之福，我們對祕魯的人完全失去了信任，只對於那些揮之不去的皮條客感到厭煩不已。

羅那烏杜就是其中的一位皮條客。他毫不灰心地接近我們，不停地勸誘著說：「要參加明天參觀神祕線條的旅行團嗎？」但或許他察覺到我們心情實在太低落了，最後只好詢問我們：「究竟發生了什麼事了？」「沒什麼啦！」最初我們覺得不耐煩而不想理他，但在他的殷切之下我們終於被感動了，最後說明事件的來龍去脈。待說完後，他意外地說出了一句話：「那麼，一起到警察局去，我幫你們翻譯吧！」我們完全不會說西班牙語，要拿到警察開的證明書想必是非常辛苦，於是只好仰賴英語流利的他爲我們做翻譯。他雖然說著「不用給我錢」，但也許最後仍會有所要求吧……。於是我們就一方面防備著他，另一方面也只好先拜託他幫忙翻譯了，畢竟到了那個時候，總得多少也給人家一點口譯費吧。

結果，幸好有羅那烏杜的幫忙，我們向警察詳細說明了事件的原委。警察也很認眞聽取我們的訴說，當我們說丟掉的那台筆記型電腦價值三十萬

日圓時，「什麼！」警察睜大了眼睛對我們抱以無限的同情。最後，調查報告果然寫得詳細且冗長。我們非常感激羅那烏杜，他也完全沒有要求拿取自己的口譯費用，但為了報答，我們決定參加羅那烏杜工作的旅行社所舉辦的神祕地上線條旅遊團。

旅遊團是由羅那烏杜擔任導遊，果然相當令人滿意。他二十六歲，比我們還小一歲，英文很流利，身著NIKE的T恤，手戴著SWATCH的手錶，肩膀上還有刺青，比起一般的祕魯年輕人要來得時髦許多。旅行時雖然有很多與當地人認識的機會，但是尤其是這樣的開發中國家，懷著心眼而特意接近觀光客的人應該也不少。所以心中想著可以信任他，他是朋友啊，那樣的機會實在是少之又少啊。但羅那烏杜不一樣，他自始自終從未要求我們要回饋些什麼，再加上彼此年紀也相近，感覺氣味十分相投。繪里不在時，我終於有機會可以跟他單獨相處聊天。他好不容易逮到機會，突然就問道：「你們不生小孩嗎？」原來羅那烏杜已經是兩個小孩的爸爸了。我也反問他說：「那你打算生第三個小孩嗎？」他嗤嗤笑著並自信滿滿地回答說：「兩個就足夠了。」原來無論哪個國家，這類的事情都是男人們脫離不了的話題。

而後，每當看見羅那烏杜時，他都會鼓勵我：「在祕魯的確有些像偷走

你電腦的壞傢伙，但是，並不是每個人都是壞人。所以希望你不要因此討厭祕魯……」雖然曾經失望得猶如跌入谷底，但聽聞他的話後，感覺到既然東西被偷了也沒有辦法了，只有試著朝向樂觀積極的方向繼續前進了。

玻利維亞

Republic of Bolivia

2003年12月2日▶
普諾(Puno)→拉巴斯(La Paz)
12月12日▶
拉巴斯(La Paz)→歐魯諾(Oruro)→烏尤尼(Uyuni)

1.在舊市街的中心地帶，穆里柳廣場(Plaza Murillo)。 2.烏尤尼(Uyuni)鹽湖的「魚之島」。 3.真的賣得出去嗎…… 4.首都拉巴斯的市場。

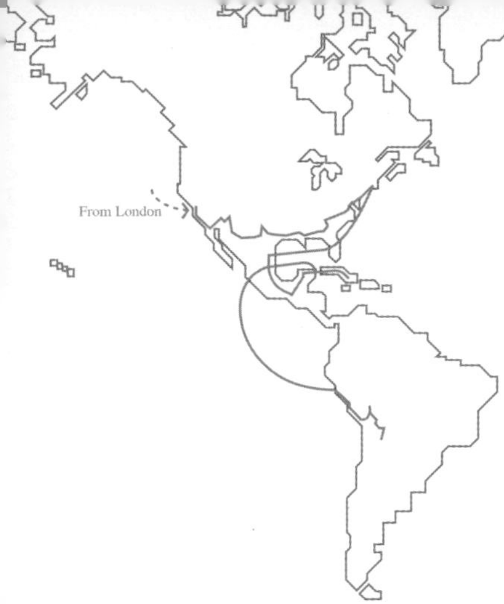

5.疾駛在鹽形成的湖泊上。 6.拉巴斯是世界標高最高的首都。 7.拉巴斯市中心有許多理髮廳，為什麼啊？

位於標高三千六百公尺的名醫

by 繪里

參加的的喀喀湖的旅遊團時，伴隨著一種不祥的預感慢慢逼近，那就是牙痛啊。實際上在出發前，就感覺到不對勁了。「不是，是自己太多心了！」我拼命地說服自己。但隨著旅行的進行，漸漸不得不承認：「真的

很痛耶！」到了傍晚時甚至已經痛到無法站立的地步。周圍盡是令人發出讚嘆的美麗極景，而我所身處的世界卻盡是牙痛、牙痛。

其實早就有預感，數天前就察覺牙齒有一點痛，但若是感冒去看病我還願意，卻實在沒有勇氣到當地的牙科診所看病，於是就放任著不管它。的的喀喀湖標高近四千公尺，甚至比富士山的山頂還要高。或許是氣壓的變化，身體也容易出現各種不適的症狀。可是在這種偏僻的地方，什麼都不能做啊，討厭啊，就是痛，討厭啊，眞是好痛，好痛！我已經瀕臨半瘋的狀態了，總之還是先吃下帶來的頭痛藥，總要度過難以入眠的夜晚吧。黎明拂曉時感覺好像沒有昨夜那麼疼痛了，但還是恐懼地想著：「若是不趕快處理，還是不行的。」總之到了玻利維亞的首都拉巴斯時，一定要去找牙醫……

當長途巴士剛抵達拉巴斯時，我們不禁相互而視：「哇啊！眞是不得了的地方啊，不是嗎？」像是位在研缽正中央的大地上，緊密排列著各式建築物，整個街道像似巨大的螞蟻窩般。而且拉巴斯的標高是三千六百公尺，是全世界最高的首都，所以斜坡相當地多，只要稍微走一下，就會像是快步行走般耗盡全身力氣，簡直就快斷了氣似的。不過，在這裡厲害的地方還不只這些，街道上異常地複雜多變。玻利維亞的多數人口是有著東

方臉孔的印第安那人，掛著色彩豔麗包巾、身著傳統服飾的印第安那老婆婆，昂首闊步地走在街道時，的確是非常顯眼的，感覺就像身處在「南美的亞洲」的感覺。而且她們走到了任何地方，只要稍有一點空間，馬上就攤開包布開始賣東西。所以，每走兩、三步就有一處流動攤販……整個拉巴斯的街道就好像是個市場，根本是亂七八糟的……

抵達拉巴斯後，我們趕緊前往日本大使館，然後哭訴著：「牙齒好痛好痛啊……」果然是日本大使館啊，了解狀況後立刻拿出了一本牙醫的名單手冊。於是我們打電話給其中一位以色列人的西吾魯醫生，並預約掛號了。其實我們根本是盲目的尋找醫生，只因爲上面記載著他是「以色列人」。再怎麼說，玻利維亞都算是世界最貧窮的國家之一，眞的有所謂的眞正的醫生嗎？有消毒的設備嗎？還是可能在沒有麻醉的情況下就被拔了牙呢？以前曾從自助旅行者那兒聽說有關國外牙醫的傳聞，例如：「等著就診時，聽到前一個病人的慘叫聲而決定放棄離開。」或是「漱口的時候，以爲牙齒已經拔掉了，結果卻意外從嘴裡吐出一顆沾滿鮮血的牙齒。」諸如此類的。因此突然變得膽怯的我，戰戰兢兢地等待著看診那天的到來。

看診當日，我們敲了敲牙醫診所的大門，一位有點胖的叔叔微笑歡迎我

們的到來。他就是西吾魯牙醫生，他的英語雖不是很流利，但卻很有禮貌。診察後，他詳細地說明了牙齒目前的狀況以及日後必要的治療方法。我們所看到的診所，也與日本的牙醫醫院沒有什麼不同，有著完善的設備，應該不會出現滿是鮮血的牙齒，而且既乾淨，西吾魯牙醫生又令人安心。既然來到這裡，我決定放心把自己的牙齒交給這位醫生了……。猶如砧板上待宰的鯉魚般做下的決定，卻讓我有機會接觸到異國的牙醫。

果然，這裡是高標三千六百公尺的地方，治療時，也是我有生以來第一次使用麻醉劑的經驗，果然相當強烈。最初以爲「嗯，麻醉劑好像沒有發揮效用耶！」直到治療結束後卻發現自己連診療椅都下不來，才知道藥劑眞是強烈啊。雖說是局部麻醉，但卻依然全身無力，頭暈眼花，毫無現實感。最後我只好在沙發休息一下，然後在友和之支撐下東倒西歪地上了計程車。就這樣親身體驗到麻醉也是一種麻藥，而那感覺絕不是舒服的。

就這樣我爲了「看牙醫」這種不像自助旅行者該有的預定行程，而在拉巴斯待了兩個星期。就在幾乎每天就診的同時，自然而然與西吾魯醫生聊天的時間也增多了，如同初見到他時一模一樣，他的個性落落大方，感覺就像是「街坊鄰居的好好牙醫」。他對於我們旅行之事感到吃驚，漸漸地也開始也談及自己的事情。身爲以色列人的他，曾在德國學習當一名牙

醫，所以除了母語的希伯來語之外，還會說英文、德文以及玻利維亞的共通語西班牙語。他有個玻利維亞人的妻子，以及兩個兒子。問他「爲什麼會來到玻利維亞呢？」他笑著說：「待我察覺時，已經在這裡了啊。」話語裡充滿著「每個人都有過去」，想必他也走過了波折的人生，雖然他一直保持微笑，但我也不好意思再追問下去。

以色列人眞是個特殊的民族。相對於他們的人口，出國旅行的人數比率相當高。在他們的國家不分男女皆徵兵，待兵役結束後，他們總是會到世界自助旅行。他們有個共同的特質，就是不屈不撓的個性與強烈的民族意識。曾經有一次在印度遇見了一位以色列的女生，她說：「找到了都是以色列人投宿的旅館，所以要搬過去！」沒想到馬上在三更半夜整理行李準備離開，而令我吃驚不已。總覺得沒有必要在那樣的時間，耗費精神搬來搬去的啊……。但對她而言，那根本不是什麼苦差事，感覺她就好像要外出去拜訪老朋友似的，歡天喜地離開了原本的旅館，那時候只覺得「果然與日本人很不一樣啊」。

西吾魯醫生知道我是觀光客，所以總是優先爲我看診。最初友和還擔心地說：「沒關係嗎？」然後陪著我去診所，但不久之後，他變成只是在旅館前前揮手道別。或許每次回來時都會向他報告：「今天西吾魯醫生又說

了什麼」，所以他對西吾魯醫生也心生信賴了吧。起初是戰戰兢兢地前去看牙醫，但西吾魯醫生的細心診療與溫和的個性，甚至遠遠超過在日本的牙醫了。縱使玻利維亞是世界最貧窮的國家之一，但在這裡的一流牙醫卻比日本的二流牙醫要強過許多啊。

因此，我的牙齒既沒有被強行拔除、也沒有痛得要人命，就這樣平安地完成治療。我們為了看牙醫而停留在拉巴斯好一陣子，好不容易終於可以繼續旅行而備感高興之餘，卻也因為即將與西吾魯醫生說道別，而略感憂傷。西吾魯醫生也許察覺到我的心情吧，最後他伸出他大大的手說道：「See you somewhere in the world－.」(在世界的某個地方再碰面吧－.)的確是離開以色列祖國在遠地生活的西吾魯醫生會說出的話啊，我也覺得總有一天會在世界的某個地方與他再見面。儘管在旅行中發生牙痛的麻煩事，但也因此遇見了一位令人難以忘懷的名醫啊。

1

2

智利

3

Republic of Chile

2003年12月13日▶
玻利維亞烏尤尼(Uyuni)→聖彼得(San Pedro de Atacama)
12月15日▶
聖彼得(San Pedro de Atacama)→卡拉馬(Calama)
12月16日▶
卡拉馬(Calama)→維納得瑪(Vina del Mar)
12月22日▶
維納得瑪(Vina del Mar)→聖地牙哥(Santiago)

5 4

1.聖克里斯托柏(San Cristobal)山丘的巨大瑪利亞像。 2.維納得瑪(Vina del Mar)的海灘。 3.瓦帕拉衣索(Valparaiso)的街上到處都是藝術家。 4.威風凜凜的警察先生。 5.與巨人石雕像拍照留念。

星鰻與我

by 友和

旅行的後半段，我們幾乎都是自己料理餐點，那是因爲待在沒有外食習慣的非洲時，逼不得已才開始的。到了歐洲以後，住的都是附有廚房的地方，也覺得自己做菜較爲恰當，於是就開始了自炊的生活。當然仍以外食居多，但是自己煮食不僅便宜，又能吃到自己想吃的食物。另外，在當地的市場或超級市場購買當地的食材料理，也是難得寶貴的經驗。

不過，也因此行李的東西愈來愈多，一開始只是帶著醬油、糖、鹽等調味料一起走，逐漸地叉子、湯匙、筷子等東西也跟著帶走，最後乾脆連鍋子、攜帶用的瓦斯爐都一併買齊，準備在沒有廚房的地方也能自己料理食物。

但是，這麼重要的餐點，當然還是全部交給繪里去準備了。儘管婚前一個人獨居，但一方面是工作忙碌，所以每天幾乎都是靠著外食或便利商店的便當度過的。再加上原本就懶散的個性，所以幾乎沒有自己動手做過菜。說到了繪里，她也是在這趟旅行才學會做菜的，她甚至還說「做菜，

眞有趣呢」！那是在旅行之前從未想過的事情，所以人只要願意改變，還是可以改變的。

剛開始我也會幫忙，但我似乎眞的沒有料理的天份……。一下被菜刀切到手指、一下又灑太多的鹽，想要幫忙卻幫了倒忙，反而顯得礙手礙腳的。想必，最後我只好負責洗碗的工作。最後繪里終於忍不住說出她的不滿：「友和，你偶爾也應該下廚啊！」像我們這樣長期旅行的日本自助旅行者，男生多半都會做菜。當我們住宿在日本人較多的旅館時，他們簡直就像廚師般操弄著菜刀，做出了精緻的日本料理。看到此情此景繪里總會開始抱怨說：「大家都會做，只有我家的老公啊……」

對於女人來說，也許擁有一個會做菜的老公是一種夢想吧。嘴裡雖不說，但我好像也懂得繪里的渴望，儘管沒有做菜的天份，但總有一天我還是會努力看看的。而「那一天」的來到，竟然就是在智利港灣維納得瑪所發生的事情。

這條街道並不是什麼特別的觀光勝地，卻很受日本自助旅行者的眷顧，理由就是「可以吃到便宜又新鮮的海鮮」。所以，爲了實現日本旅行者的小小心願，附近蓋了一間名叫「汐見莊」的旅館。說是旅館，其實也只是普通的房子改裝後的房間，就這樣出租給旅客，不過附近有魚市場，可以

在那裡採買到海鮮。聽說在「汐見莊」可以吃到新鮮的海鮮，其實也是從旅行在南美的日本自助旅行者的口中得知的。依照在日本的人的想法，一定會認爲「既然那麼想吃海鮮，還不如就回日本吧」。但如果只是因爲「好想吃魚喔」就回到日本，那未免也太不成熟了吧。不過，事實上長期旅行下來，能吃到新鮮海鮮的機會實在不多，特別是從祕魯或玻利維亞這樣位居安地斯山脈的國家前往智利的我們，對於汐見莊的海鮮簡直就是把它想成了天國似的。所以我們是彼此鼓勵著：「要喝足葡萄酒，吃足海鮮哦！」才終於走到了這裡。

魚市場裡有竹筴魚、鮭魚、蝦類、紫貝、文蛤等，對於渴望吃到海鮮的我們，那裡根本就是個寶庫。買了海鮮後，再到附近的商店買了稍微昂貴的葡萄酒(其實才不過才三百日圓)，簡直就可以展開酒宴了。智利的葡萄酒，不僅品質優價格又低廉，紙盒包裝的葡萄酒不到一百日圓就可以買到了，若是再多添一點錢，就可以喝到與歐洲並駕齊驅的葡萄酒，所以我們簡直喜歡這裡的葡萄酒到欲罷不能的境界，每晚幾乎都把酒言歡，然後喝得爛醉倒在床上睡覺。

某天，我們與一群日本自助旅行者起鬨說著：「要來做星鰻蓋飯！」我們聽說，在智利星鰻是沒有人要吃的魚，可以以難以想像的便宜價格購

得。沒想到來到智利，竟然還可以吃到星鰻魚，而且二百日圓左右就可以買到近三十條的星鰻。於是，我們立刻準備在汐見莊的廚房處理星鰻魚，無庸置疑地我被分配到的任務就是殺魚。我以爲「平常什麼都不會的我，卻能敏捷地剖開星鰻，繪里一定會對我刮目相看吧」。

不過，不久之後我就後悔了，我眞是太天眞了，要剖開星鰻實在相當困難啊。星鰻滑不溜丟的，好不如容易抓牢了卻又立刻滑掉。就在好不容易掌握了訣竅之後，又無法用刀剖開那細長的身軀，即使剖開後又不得不挖出魚骨，這個步驟的確需要好的刀工啊。最初，剖開一條星鰻魚大約要花掉十分鐘以上的時間，以那樣的速度恐怕做完時都已經傍晚了。「怎麼樣？還順利嗎？」有時候繪里會到廚房探視情況，儘管還不是很熟練，但既然自己說要做的，這個時候也不能輕言放棄了。所以我逞強地說：「嗯，嗯，還可以啦……」

而後，就在反覆的錯誤下處理了好幾條星鰻，終於漸漸抓到訣竅了。「應該是刀子插入時的力道問題吧……」知道竅門後，速度也慢慢地變快了。或許，料理就是慣手與否的問題吧。不過比起一般的魚類，星鰻果然是比較難處理且要耗費較長的時間，總之，我仍有很長的一段時間繼續與星鰻搏鬥。「終於完成了～」當我們將完成的料理拿到餐桌時，繪里似乎

OLGUITA

已經等得疲憊不堪了。

費盡苦心做的星鰻果然比較好吃。但坦白說，那星鰻還眞有點慘不忍睹。如果平常我能偶爾下廚或許就不會這麼慘吧……想到這些，突然覺得自己果然還是沒有料理的天份啊。

1

2

阿根廷
Argentina

1.阿根廷的首都布宜諾斯艾利斯(Buenos Aires)。家家戶戶色彩繽紛的卡敏多街(Caminito)，居住著許多藝術家。 2.提到阿根廷，就令人聯想到探戈！看，那氣勢！拍攝於有名的Bar Sur。 3.有「南美巴黎」之稱的布宜諾斯艾利斯。親眼目睹後果然名不虛傳。

3

4.世界三大瀑布之一的伊瓜蘇瀑布(Iguazu)。果然震撼人心！ 5.在飄揚的國旗前燦爛的一笑。 6.阿根廷的食物就是肉！一般的餐館端出的都是這樣厚的牛排。 7.在路邊發現的時髦壁畫！

8.到處都是可愛的壁畫，而且用色大膽繽紛。9.攝於Plaza Dorrego的禮拜日古董市集。有許多古董的小東西。

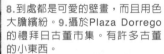

1.以「世界最南的城市」聞名的Ushuaia。只要渡過海洋，就是南極了。 2.在毫無人煙的土地上，突然出現飼養羊的大叔。 3.騎著自行車來回穿梭於村裡的小孩們，個個都活潑又健康。 4.有點像黃色鞋子的花朵，真是可愛。 5.Perito Moreno冰河，高60公尺，全長35公里。

巴塔哥尼亞高原

Column 南美

烏拉圭與巴拉圭

友和

烏拉圭與巴拉圭，是南美的兩個國家，不僅國名很相似，對日本人來說都算是很容易忽視的國家，所以一時之間還眞的兜不起來。當我們談及旅程時也會經常出現這樣混亂的狀況：「接下來再到巴拉圭去……咦，是巴拉圭還是烏拉圭啊？」但是實際到了那兩個國家後，才發現兩個國家根本完全不一樣。

烏拉圭是南美諸國裡較富裕的國家，我們到世界遺產的科洛尼亞(Colonia)，街道保留著舊時的風貌，再加上路邊停靠的古董車宛如就像一幅畫般的美好，感覺像是置身在中古世紀的歐洲一樣。不僅綠意盎然，更是悠閒散步時的最佳景點。

另一方面，巴拉圭就有點亞洲的感覺。我們試著經過巴拉圭的邊境城市Ciudad del Esté，然後當天往返於阿根廷，但是那裡的街道雜亂無章，露天的攤販擁擠在一起，街道上盡是垃圾，其中還有破爛的中古車排著黑煙奔馳而過。因爲是貧窮的國家，所以到處都充斥著貧民區般的蕭條，雖然骯髒，不過卻還是充滿著活力，總之就是那樣的地方。與烏拉圭相較之下，簡直是天壤之別。

兩個國家的國名相似，即使在旅遊之後，仍會有那種：「咦，到底是哪個是哪個國家啊？」疑惑的時候。就好像旅行時，也經常被旅行國家的當地人問道：「日本與韓國，究竟有什麼不一樣？」想想那的確是無可奈何也難以說明的事啊。

巴西

Federative Republic of Brazil

2004年1月22日 ▶
福斯多伊瓜蘇(Foz do Iguacu)→聖保羅(San Paulo)
1月27日 ▶
聖保羅(San Paulo)→里約熱內盧(Rio de Janeiro)
1月30日 ▶
里約熱內盧(Rio de Janeiro)→波多西古洛(Porto Seguro)
2月12日 ▶
波多西古洛(Porto Seguro)→薩爾瓦多(Salvador)
2月26日 ▶
薩爾瓦多(Salvador)→聖保羅(San Paulo)

1

2

3

4

1.為了嘉年華會而將滿頭頭髮編成辮子的繪里。 2.托蘭克索(Trancoso)呈現出南國鄉村的氣氛。 3.在巴西的每天就是徜徉海灘。 4.充滿藝術與音樂的城鎮聖保羅(San Paulo)。

Column

巴西

小心沙灘的陷阱

友和

在里約熱內盧最有趣的，就是在沙灘散步了。在大都市裡竟然有如此壯觀的沙灘，確實是世界少見的。沙灘旁的的大道盡是高樓大廈，與椰子樹的相衝突組合，竟意外產生非常美麗的景色。還有女孩們個個穿著小小三角形的布塊圍住重要部位，而那些布塊僅用繩子綁著，如此那般過激的畫面實在太養眼了，碩大的屁股隨著步伐搖搖晃晃地，眞是難以形容的開放啊。

我們也穿著泳衣，一邊欣賞著辣妹一邊悠閒地走在伊巴內馬海灘時⋯⋯就這樣發生了事件。眼前突然出現一位中學生年紀的黑人小男孩，他準備奪走我手裡的相機袋子。我的直覺反應就是不能讓他偷走！於是就緊拉著相機袋子，就在這個時候出現一個比較年長的黑人少年過來助陣，他的手伸進了我的海灘褲口袋裡，可能以爲裡面有錢包吧，事實上我的口袋裡正放著相機，所以我拼命抵抗。最後終於身體失去平衡，跌落到海裡，即使已經泡水了大家仍扭打在一起，但再怎麼說都是二對一的局勢(因爲繪里只會在旁邊嚇得目瞪口呆的)。那個時候，我決定放棄手裡的相機袋子，於是那兩名暴徒就緊握住袋子逃之夭夭。

結果我既沒受傷、照相機也沒有被搶走，之後我們兩人陷入許久的沉默。因爲被伊巴內馬的辣妹所迷惑而遭到襲擊的我，再怎麼說都好像有些狼狽啊。

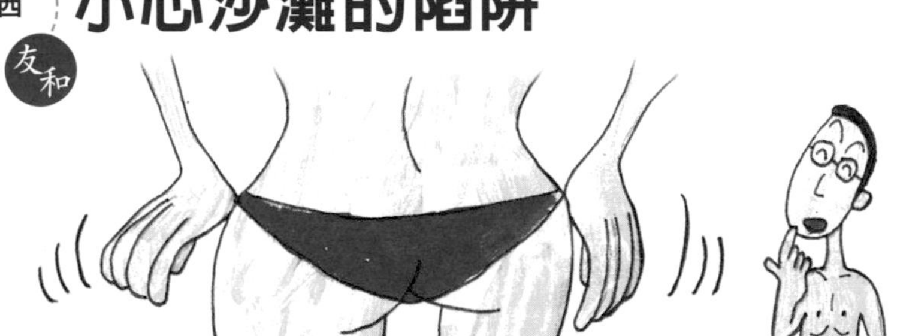

旅行終點的嘉年華會

by 繪里

「就在嘉年華會裡結束旅行吧！」我們來到巴西後，心裡已經有了這樣的決定。其實最主要的原因是因爲旅行的資金已經用盡了，長久以來奉獻給旅行的心情，必須給個冠冕堂皇的理由，例如：「就在某某之中結束旅行吧。」這樣才能分別的乾乾淨淨。因此，對我們來說，嘉年華會就像是個畢業典禮，我們也是懷著那樣的心情來到了聖保羅的街道。

位於巴西沿岸的聖保羅，據說是巴西國內的嘉年華會最熱鬧刺激的地方。「什麼，所謂的嘉年華會，應該是里約的嘉年華會啊？」或許有人會發出這樣的質疑。但像我們這種自助旅行者，總覺得聖保羅的嘉年華會比里約的嘉年華會更好玩。畢竟里約的嘉年華會，觀光客是坐在看台觀賞的，相對地，聖保羅可以在街道上隨著花車或樂隊緩慢遊行，是任何人都可以參加的。所以，里約是觀賞型的嘉年華會、聖保羅卻是可以參加加入的嘉年華會。「那麼，我們就去吧！」果然兩人的意見一致。

這個足以讓人狂熱的聖保羅，事實上是個很有氣氛的城鎮。舊街道裡歷史悠久的建築物充滿懷古的幽情，但卻也沾滿了污垢，與歐洲那種清澈的

街道相較，感覺是比較平民化的。聖保羅原本是黑人較多的地區，甚至有人說：「這裡每天都像舉辦慶典似的。」聽說眞正的嘉年華會即將在一星期後開始，儘管如此街道上早已經洋溢著歡樂的氣氛。入夜後，廣場聚集了街頭藝人或歌手，響亮的笑聲及啤酒開罐的聲音不絕於耳，甚至遠處還可以聽到森巴舞的節奏，對於喜歡夜生活的我們，聖保羅眞是令人嚮往的街道。

我們住在取名爲「藍色之家」的旅館，這裡是著名的日本人居住的旅館，即使在嘉年華會期間也無隱藏之地，到處都是來自日本的自助旅行者。在那裡到處都可以聽見：「啊！好久不見了！好嗎？什麼時候來的？」彷彿就是個旅人相約見面的場所。當然，在那裡我們也遇見了過去環遊世界各地時認識的一些朋友，大家見面興高采烈地聊起了旅行時發生的事情。不僅自助旅行者之間是如此，即使在有著無人種差別待遇之稱的巴西，當地人也是充滿善意的。只要是談過一次話，再次見面時就像是許久前認識的朋友般微笑道好。因此，在聖保羅期間我們就在不知不覺間認識了許多朋友。當我們預定「今天去某某地方吧！」可是走出旅館，總是會遇見認識的人，就這樣耽擱了許多時間，最後經常連目的地都到達不了。

我們就這樣繞著舊街道散步，聽見遠處傳來的大鼓樂隊的逐漸逼近，最

初以爲「有人正在練習呢！」試著往聲音的方向走了過去，才發現與剛才聽見的聲音不同，那像是打從身體深處沸騰般所響起的鼓譟聲，再接近後，才發現那裡聚集著一群人，至少有一百多個黑人一邊搖擺著身體，然後齊心合力地踩著節奏。原來僅是舞蹈竟也可以發出像洪水般的聲音。從黑色結實的肌膚閃耀著汗水，時而紛紛滴落。我不禁感動得全身起了雞皮疙瘩，再看看身旁的友和，也以「帥呆了」的表情看著他們。

旁邊的一位大哥興奮地告訴我們：「他們是名叫歐爾多的隊伍，可是聖保羅最棒的隊伍，的確很棒，不是嗎？」我們完全被眼前突然出現的這支隊伍所吸引，二話不說立刻買了他們的制服。嘉年華會期間各個遊行隊伍都會販售自己的制服，只要買了制服，就可以在最近的距離跟隨著自己喜歡的遊行隊伍參加遊行。價格並不便宜，但是爲了跟隨自己喜歡的歐爾多隊，也不得不買了。制服的底色爲藍色搭配上黃色，還有些許的豔粉紅色，非常豔麗奪目。而且女生制服的上衣是類似胸罩的小可愛，下半身則是裙子，我的肥肚毫無遮掩地顯露出來了。看見我身邊原本就不適合華麗衣服的友和，根本完全被那身衣服給吞沒了，但這個時候，誰還管得了那麼多嗎。

只要能參加歐爾多隊，我可是一點都不在意露出肥肥的肚子，況且巴西

的女孩縱使肚子再肥，也都毫不害羞地露了出來。我們還發現有個像是即將生產的孕婦露出肚子在跳舞，比手畫腳地對她說：「妳沒關係嗎？」結果她反而也比手畫腳地說：「什麼？我聽不懂啊，總之就是跳舞吧！」如果是在日本，那簡直是破天荒的超級怪孕婦啊。旁邊的友和則大口大口喝著啤酒、笑嘻嘻地跳著舞，可是他究竟在高興什麼啊！

嘉年華會的這段時間，我們每天近傍晚時就換上制服參加遊行，然後笑著說：「今天又可以看到日出了！」就這樣每天玩到清晨，舞到筋疲力盡的身體沐浴在清晨的陽光底下，眞的好舒服啊。因此……就在散落著大量垃圾與人們的汗臭味裡嘉年華會終於落幕了，當時總覺得不敢相信，也不想去相信。總之，聖保羅的嘉年華會，是只有在那樣的地方、那樣的瞬間才能深刻體會到那股熱情的氣息。也只有在那裡，才會舉起雙手說：「人類眞是不得了啊！」然後感動得想說聲萬歲。不論電視播放的世界景致有多麼美，也不管網路可以連接多少個世界，但這裡的空氣唯有親身體驗才能感受得到，所以我們才會旅行！也因此醞釀出了願意去相信那般的心情。

我們離開聖保羅的那天，意想不到有許多人來爲我們送行，一年前在非洲認識的自助旅行者、也有每晚一起跳舞跳到天亮的朋友、或是幾天前才

認識的朋友。過去以來這次是最多人前來送行的，大家微笑地相互道別，但直到計程車出發後我忍不住掉下了眼淚，但卻不是哀傷的眼淚。也許在揮別了嘉年華會後，我們終於突然清晰地感受到「啊！旅行就此結束了」。雖然還有許多想去的地方，但總是要就此打住。我們能如此清醒地宣告旅行的結束，或許是因為在聖保羅迎接嘉年華會到來的緣故吧。

最後

我們的環遊世界旅行結束了。旅行時間一年又八個月，所到國家共計四十五個國家，然後，此期間所使用的金額一人約兩百三十萬日圓(已經超出預算)。在現實世界裡，這樣的金額具有什麼樣的價值，其實因人而異，對我們而言卻是這趟旅行的代價，是無比的財產。與其拿著兩百三十萬買些什麼，我們的使用方式應該更具有意義。

世界有著各式各樣的地方，也住著各式各樣的人們。在處處都是黑色肌膚人種，但僅是這樣就足以令人不知所措的非洲都市裡；在標高五千公尺的岩石土地上，不知來自何處衣衫襤褸卻又面露虔誠緩步而行的西藏僧侶；或是坐在只能漫長時間望著窗外不變景色的巴士裡；或是擁擠蜷縮在卡車作爲代步工具，那些如今都變成了我們旅行世界的証明，有著難以言喻的懷念。就在寫下這些文字的瞬間，世界各地的人們也正吃著、睡著、笑著、哭著。那不是電視上看到的「世界」，而是我們旅行過後實際的「世界」。世界原來可以那麼貼近，原來可以那麼眞實地感受得到，這些都是我們透過此次的旅行所得到的財富。

所謂的夫婦也不過是他人，所以我們好像相互了解又好像完全不了解對方。因此，老實說在出發旅行之後，我們經常會出現「他原來是那樣！」「她怎麼可以那樣！」的狀況，也因而發怒爭吵，或是鬧彆扭、難過哭泣，有時甚至還會找來剛認識的外國朋友評評理，現在想到這些都會覺得好笑。旅行時那些被我們打擾到的各位，眞是對不起啊。

回國過了三個月渾渾噩噩的日子後，丈夫又一如以前回歸上班族的忙碌生活，妻子則依舊過著不穩定的自由工作者生活開始重操舊業。雖然表面上看起來與旅行前的生活沒有什麼不同，但其實我們的內心卻有著很大的改變。料理、享用著美味的餐點，與朋友聊天，在晴朗的天氣愉快地曬著太陽，這些日常生活裡的瑣碎事物都能讓我們感到滿足，最重要的是能心靈平靜地度過每一天。

「我們出書吧！」這是旅行最後在南美洲時的念頭。以爲只要努力就可以順利出書了，沒想到比想像中還要困難，直到順利出版爲止竟也耗費了一年的時間。若不是TOKIMEKI出版的奧村準朗先生，他有給予了僅有漫長的旅行經驗卻失業的夫婦這樣的機會，這本書恐怕就無法完成了。還有也要謝謝總是愉快地爲我們整理原稿的編輯鈴木夕末小姐，以及製作精美書本的美術設計渡邊眞衣子小姐。同時，也要感謝雙親，即使我們說出了：「我們辭職，準備去旅行」那樣無謀的計畫，依舊默默且溫暖地守護著我們。還有那些世界各地的邂逅、爲我們解說種種的旅行者、當地的人們、觀看網站而關心支持我們的朋友：要感謝的人實在太多了，眞的謝謝你們，期待在世界的某個地方再相會了！

平成17年3月

吉田友和・繪里

環遊世界一周日記

http://www.sekai-isshu.com/

是紀錄兩人旅行的網站。即使旅行期間，依舊從世界各地即時持續更新的此網站，曾在網路上造成話題，在個人旅遊紀行網站中擁有驚人的瀏覽次數。曾榮獲「雷神網頁獎2002 第二名」、「@nifty網頁大獎2003　特別獎」。回國後的現在則以日本國內旅行之話題持續公開中。

友和&繪里的

世界排行榜

因為太多人問我們：「哪個國家比較好啊？」所以我們決定從45個國家中，分門別類選出我們心目中的前三名！

米飯最好吃的國家

評論 繪里 對我們而言，「便宜」是最低限度的條件，所以亞洲果然勢在必得！而且也自己生產稻米。

中國

便宜，好吃，種類又多！所以我喜歡中國菜，其實中國菜有許多不太油膩的。

泰國

旅行時不知不覺變得喜歡吃的泰國料理，也可以當作點心吃。

西班牙

在中國以外的地方，中國菜也是我們經常吃的料理。我更喜歡能搭配紅酒的西式料理。

物價最便宜的國家

評論 友和 在物價便宜的國家會待得比較久，相反地，較花錢的歐洲反而如坐針氈。

印度

在印度，便宜的東西極端的便宜。而辛巴威的物價應該是受到匯率的影響。

玻利維亞

辛巴威

其次則是尼泊爾，在這些國家即使是100日圓的東西也要殺價喔。

治安最糟的國家

評論 友和 雖然不想去到太危險的地方，但就算是心驚膽跳也令人樂不思蜀……

肯亞

奈洛比真的很可怕。辛巴威的夜晚也很危險。在巴西的海水浴場則被搶了。

辛巴威

巴西

儘管如此，上面三個國家反而停留最久，所以治安與居住舒適度無關！？

想要定居的國家

評論 繪里 傍海又物價便宜，治安也不至於太壞了，既有古蹟又有文化，舒適悠閒的國家最好了(奢望)。

1. **泰國**
2. **西班牙**
3. **阿根廷**

泰國果然是個住起來舒服的國家。西班牙屬於鄉村都市，阿根廷則適合夏天居住。

阿根廷若是能離日本近些的話。治安再好些的話，開普敦也是不錯的。

擁有美麗大自然的國家

評論 友和 接觸雄偉的大自然，也能洗滌心靈。世界真是廣闊，應該還有許許多多的祕境吧！？

1. **西藏**
2. **祕魯**
3. **美國**

喜馬拉雅山與安第斯山脈分外特別。沒想到美國竟是如此美麗的國家。

第1名、第2名都擁有獨特的文化。現在想想，巴塔哥尼亞高原好像也挺不錯的。

洋溢音樂的國家

評論 繪里 也許是值得玩樂消遙的國家吧(笑)。因為音樂是最單純且至高無上的玩樂！？

1. **巴西**
2. **辛巴威**
3. **印度**

巴西的嘉年華會真的太棒了！在辛巴威、印度聆聽現場演奏幾乎花不了什麼錢。

聖保羅的森巴舞實在帥呆了！非洲人最有節奏感。

美女最多的國家

評論 友和 美女養眼，剛好繪里也喜歡看美女，所以這個話題我們很合得來。

1. **巴西**
2. **智利**
3. **土耳其**

南美的美女比率最高。日本女孩也很可愛，不過卻比不上她們的性感。

若是黑人則屬衣索比亞最美。印度或尼泊爾也有很多五官深邃的美女。

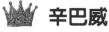

只要一本書，看遍全世界

017 一口氣玩遍歐洲　作者／楊鎮榮　定價／299元

20年深深為歐洲文化著迷的玩家，107趟飛向歐洲，以超過1000張的珍貴圖片，紀錄全歐洲街頭藝術、小吃美饌、藝術建築、湖泊小鎮、狂歡慶典……一口氣讓你看懂歐洲、玩遍歐洲！

019 世界32個城市咖啡館 coffee, please!!

作者／太雅旅行作家俱樂部　定價／330元

摩洛哥的男人，點一杯咖啡便坐著看人發呆便過一天；挪威人總愛帶裝著熱咖啡的保溫瓶就往大自然中跑；為什麼西雅圖人被戲稱為「一隻手的人」？因為他們另一隻手永遠握著一杯咖啡；對於是不是左岸的咖啡館？巴黎人可一點都不在乎，自在隨意才是重點。印度人本來是喝茶的民族，然而喝咖啡卻被視為時髦的象徵……，看了世界32個城市咖啡館的介紹，才明白，原來他們這樣喝咖啡！

023 旅行世界，非玩不可的交通工具

作者／太雅旅行作家俱樂部　定價／280元

你可坐過吉普車改裝而成的巴士吉普尼？你知道讓大象載著進入叢林能找到更多野生動物？日本的JR是從不誤時的火車？到了倫敦不能忽略那抹雙層巴士紅色的身影……世界玩家們繞了地球一圈，精挑細選出超過60種最特別、最有趣、最值得體驗的交通工具，包括天上飛的、地上跑的、水裡划的；含括機器、獸力、人力……都是旅行世界，非玩不可的交通工具。

024 旅行世界，非嚐不可的道地美食

作者／太雅旅行作家俱樂部　定價／320元

這本書，是世界玩家老饕分享旅行中最難忘的品嚐經驗。內容涵蓋了歐亞美三大洲，除了介紹當地料理與特色餐廳之外，在每篇文章中也提及了該地區的飲食文化與發展背景，不僅能從中認識世界美食，也進而了解當地的風土民情。相信曾經讓老饕們回味的，也將讓你的味蕾感動！

026 世界著名城市地標

作者／太雅旅行作家俱樂部　定價／350元

本書介紹世界各個城市或地區中極具有特色的地標，內容涵蓋了歐、亞、美、非、大洋五大洲，地標的類型則涵蓋了展現科技與新穎概念的高塔、摩天大樓、橋樑和運河；見證歷史風華的古蹟、宗教建築、城堡等等，並建議遊客最佳的拍照地點或技巧，讓本書在內容上更加豐富。

027 Nice to meet you!認識最有趣的世界朋友

作者／王瑤琴　定價／350元

旅行最讓人著迷的，不僅是美麗的風景，與各地人們交流的經驗，更是讓人回味。本書作者走訪過世界55國，透過攝影鏡頭，捕捉到不同的民族素顏，並藉由情感的交流或互動，走進當地人的生活與心靈。本書蒐羅了世界別具特色的民族，以作者個人對世界各民族的觀察與交流經驗，與讀者分享各民族的特色風情，諸如音樂舞蹈、服飾、手工藝與建築等，窺見各民族的文化面貌。

世界主題之旅 29

環遊世界一周 友和&繪里的607天蜜月旅行

Life Net 029

作　　者　吉田友和・吉田繪里
翻　　譯　陳柏瑤

總 編 輯　張芳玲
書系主編　張敏慧
美術設計　許志忠

太雅生活館 編輯部
TEL：(02) 2880-7556　FAX：(02) 2882-1026
E-MAIL：taiya@morningstar.com.tw
郵政信箱：台北市郵政53-1291號信箱
網址：http://taiya.morningstar.com.tw

發 行 所　太雅出版有限公司
111台北市劍潭路13號2樓
行政院新聞局局版台業字第五〇〇四號
分色製版　知文印前系統公司 台中市工業區30路1號
TEL: (04)2359-5820
總 經 銷　知己圖書股份有限公司
台北分公司 106台北市羅斯福路二段95號4樓之3
TEL: (02)2367-2044 FAX: (02)2363-5741
台中分公司 407台中市工業區30路1號
TEL: (04)2359-5819 FAX: (04)2359-5493
郵政劃撥　15060393
戶　　名　知己圖書股份有限公司
初　　版　西元2006年5月1日
定　　價　299元
（本書如有破損或缺頁，請寄回本公司發行部更換；或撥讀者服務專線 04-23595819 分機 232）

ISBN 986-7456-81-5
Published by TAIYA Publishing Co.,Ltd.
Printed in Taiwan

國家圖書館出版品預行編目資料

環遊世界一周：友和＆繪里的607天蜜月旅行 /
吉田友和，吉田繪里 作；陳柏瑤翻譯．
-- 初版．--臺北市：太雅，2006［民95］
面；　公分．--（世界主題之旅；29）
譯自：世界一周デート：トモ＆エリの607日間ハネムーン

ISBN 986-7456-81-5（平裝）

1.世界地理—描述與遊記

719.85　　95004939

掌握最新的旅遊情報，請加入太雅生活館「旅行生活俱樂部」

很高興您選擇了太雅生活館(出版社)的「世界主題之旅」書系，陪伴您一起快樂旅行。只要將以下資料填妥回覆，您就是「旅行生活俱樂部」的會員，可以收到會員獨享的最新出版情報。

029

這次購買的書名是：世界主題之旅／環遊世界一周 友和&繪里的607天蜜月旅行 (Life Net 029)

1.姓名：________________ 性別：□男 □女

2.生日：民國______年______月______日

3.您的電話：____________ 地址：郵遞區號□□□ ________________

____

E-mail: ________________________________

4.您的職業類別是：□製造業 □家庭主婦 □金融業 □傳播業 □商業 □自由業 □服務業 □教師 □軍人 □公務員 □學生 □其他______

5. 每個月的收入：□18,000以下 □18,000~22,000 □22,000~26,000 □26,000~30,000 □30,000~40,000 □40,000~60,000 □60,000以上

6.您從哪類的管道知道這本書的出版？□______報紙的報導 □______報紙的出版廣告 □______雜誌 □______廣播節目 □______ 網站 □書展 □逛書店時無意中看到的 □朋友介紹 □太雅生活館的其他出版品上

7.讓您決定購買這本書的最主要理由是？
□封面看起來很有質感 □內容清楚資料實用 □題材剛好適合 □價格可以接受
□其他________________

8.您會建議本書哪個部份，一定要再改進才可以更好？為什麼？

____

9.您是否已經帶著本書一起出國旅行？使用這本書的心得是？有哪些建議？

____

____

10.您平常最常看什麼類型的書？□檢索導覽式的旅遊工具書 □心情筆記式旅行書 □食譜 □美食名店導覽 □美容時尚 □其他類型的生活資訊 □兩性關係及愛情 □其他________________

11.您計畫中，未來會去旅行的城市依序是？ 1.__________ 2.__________ 3.__________ 4.__________ 5.__________

12.您平常隔多久會去逛書店？ □每星期 □每個月 □不定期隨興去

13.您固定會去哪類型的地方買書？ □連鎖書店 □傳統書店 □便利超商 □其他________________

14.哪些類別、哪些形式、哪些主題的書是您一直有需要，但是一直都找不到的？

____

填表日期：______年______月______日

廣	告	回	信
台灣北區郵政管理局登記證			
北台字第12896號			
免	貼	郵	票

太雅生活館　編輯部收

台北郵政53-1291號信箱
電話：(02)2880-7556
傳真：**(02)2882-1026**
(若用傳真回覆，請先放大影印再傳真，謝謝！)

地址：＿＿＿＿＿＿＿＿＿＿＿＿
姓名：＿＿＿＿＿＿＿＿＿＿＿＿

太雅生活館

有行動力的旅行，從太雅生活館開始